WAC BUNKO

皇帝たちの中国

始皇帝から習近平まで

岡田英弘

WAC

新版まえがき

中国史はつまらない。これが通り相場である。

なぜ中国史はつまらないか。第一に、中国史には、時代ごとの変化がなくて、単調だ。どの時代の話も、似たようなことの繰り返しばかりだ。第二に、中国史には、人間らしい人間が出てこない。ぎょうぎょうしい漢字の肩書きが並んでいるばかりで、その下に、どんな人格が隠れていたのか、何を考え、何を感じ、何のために生きていたのか、さっぱりつかみどころがない。これでは面白い歴史になりようがない。

中国史のつまらなさかげんは、じつは中国人自身の、歴史に対する態度に責任がある。西暦紀元前二世紀の末に、中国で歴史を書くことがはじまって以来、歴史というものは、皇帝の天下をほめたたえるために書くものだった。書いてあることは、ご立派な建前ばかりで、本音はどこにもない。そんな歴史の中から、ものごとの真相をあばきだすのは大変な仕事だ。中国史の歴史家は、お人好しではつとまらない。

ところで中国といえば、このところ日本ではたいへん評判が悪い。日本には大きなことから小さなことまで世話になっていながら、すみません、ありがとうとは一言もいわない。いわないどころか、もっと金を出せ、金を出せの一点ばりで、出さなければ悪口雑言の嵐である。いったいどこを押せばそんな態度に出られるのか、人の好い日本人はあっけにとられるばかりである。

そうした態度は、中国人が長い間の歴史を通して作り上げたものであるから、「歴史に学ぶ」ことは、中国人にいわれなくても、われわれ日本人にとって大いに役立つと、私は確信する。

本書は、思い起こせば、いまから十一年前の一九九五年、西新宿の朝日カルチャーセンターで、「皇帝たちの肖像」と題しておこなった五回連続の講義がもとになっている。現在あらためて読んでみても、何ひとつ古くなってはいない。私の考える中国史は、ここに集約されている観がある。

本書には、皇帝たちの生涯の物語のほかに、もうひとつの主題がある。それが「中国」である。ここでは、中国史上非常に有名な五人の皇帝たちの生涯を語りながら、「中国」という観念が、どういう曲がりくねった道筋をたどってできあがってきたか、なるべくわかりやすく説明したつもりである。

最近私があちこちで発表している、中国文明の三大要素である「皇帝」「都市」「漢字」にしても、中国史の時代区分である「漢族の時代」「北族の時代」「新北族の時代」にしても、傷ついた中国人の思想である「中華思想」にしても、すべてはここに淵源がある。

中国の歴史は三つの時代に分けることができる。第一の「漢族の時代」は、秦の始皇帝から、漢・三国・晋・南北朝を経て、五八九年に隋の文帝が天下を統一するまでである。第二の「北族の時代」は、隋・唐・五代・宋を経て、一二七六年、元のフビライ・ハーンが南宋を滅ぼして天下を統一するまでである。第三の「新北族の時代」は、元・明・清の時代である。清が一八九五年に日本に負けたことによって、中国文明の時代は終わった。

しかし中国文明のなかの「中華思想」は、いまだに中国人のなかに牢固として存在している。中華思想は、「北族の時代」の末期に司馬光《こう》のつくった『資治通鑑《しじつがん》』がもとである。あらたに興りつつあった新北族の契丹《きったん》に対して、自分たちもかつての北族出身であった北宋の人々が、自分たちこそ正統の「中華」だ、ほんものの「漢人」だと言い出して、傷ついた自尊心をなぐさめ、北方の遊牧帝国を成り上がりの「夷狄《いてき》」とさげすんだことにはじまる。それから、「夷狄」は文化をもたない人間以下の存在で、自分たち「中華」だけがほんとうの人間だという、負け惜しみの「中華思想」が出てきたのである。

「中華思想」は、もはや中国人の国民的信念であって、いささかのゆるぎもない。自分たちが唯一の人間であり、「夷狄」などは人間でなく、殺しても奪ってもかまわないというのが、中国人のかたく信じているところである。

しかし本書を読めば、じつは「中国皇帝」の大多数が「夷狄」出身であったことがわかる。「歴史の経験に学ぶ」とはこういうことである。これを読んで、どう考えるかは、読者にお任せする。

二〇〇六年八月

岡田　英弘

皇帝たちの中国

始皇帝から習近平まで

◆目次

第2章 唐の太宗李世民

非中国人を皇帝に迎えた「第二の中国」

第3章

元の世祖フビライ・ハーン

モンゴル帝国が支配した元朝 ……121

朝鮮と南宋を制し、日本攻略を狙う
行政機構を整備し、モンゴル文字を開発
フビライの後継者たちの混沌

第4章 明の太祖洪武帝朱元璋
貧民出身の皇帝が建てた最後の漢人王朝 …… 169

宗教秘密結社出身の異端の皇帝
フビライ死後、元朝帝室を揺るがす内争
社会の最下層に生まれた朱元璋
宗教秘密結社は中国の裏の主役
元朝を放逐、「大明皇帝」となる
「正統」の資格を得るための戦い
青海、雲南、満洲の元軍を制覇
モンゴル帝国から独立した「朝鮮」の建国
大粛清を余儀なくされた背景
洪武帝の「文化大革命」
日本を「不征の国」とした奇怪な話

装幀　須川貴弘（WAC装幀室）
本文中の地図製作　図考館

現在の中国略図

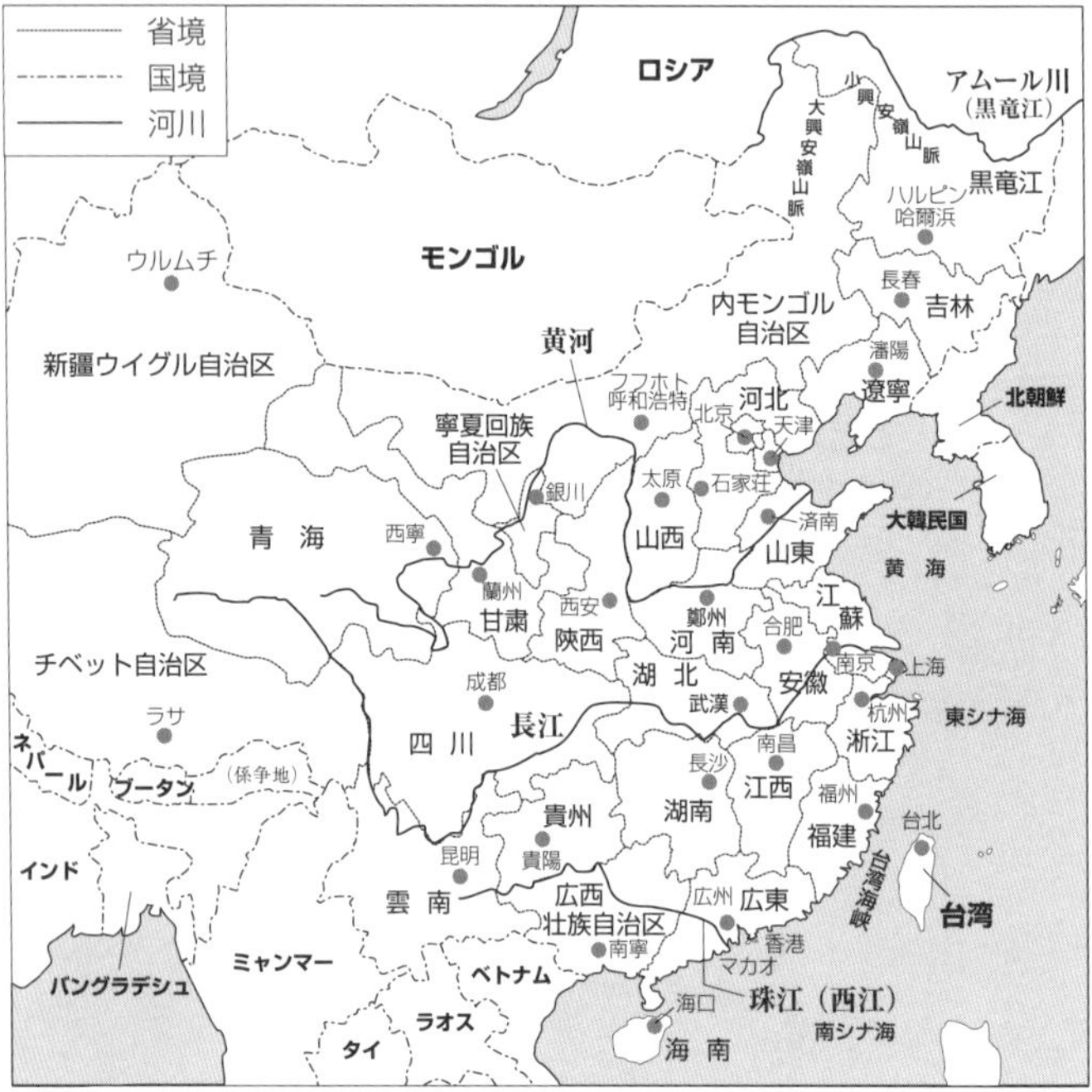
省境
国境
河川
ロシア
アムール川
(黒竜江)
大興安嶺山脈
小興安嶺山脈
黒竜江
ハルピン
哈爾浜
モンゴル
ウルムチ
長春
吉林
内モンゴル自治区
黄河
新疆ウイグル自治区
瀋陽
遼寧
北朝鮮
フフホト
呼和浩特
河北
北京
天津
寧夏回族自治区
太原
石家荘
銀川
済南
大韓民国
青海
西寧
山西
山東
黄海
蘭州
江蘇
西安
鄭州
甘粛
河南
合肥
陝西
チベット自治区
南京
上海
湖北
安徽
成都
武漢
杭州
東シナ海
ラサ
長江
四川
浙江
ネパール
ブータン
(係争地)
南昌
長沙
江西
福州
湖南
台北
貴州
福建
インド
昆明
貴陽
台湾海峡
雲南
広西
広州
広東
台湾
壮族自治区
香港
ミャンマー
南寧
マカオ
バングラデシュ
ベトナム
珠江(西江)
海口
ラオス
南シナ海
タイ
海南

第1章
前漢の武帝——
皇帝とともに生まれた「中国」

「まず皇帝ありき」が中国の歴史だ

中国に君臨した皇帝たちの肖像をたどっていくと、中国とはどんな国であるか、中国人とはどんな人々であるかという問題に行き着くことになる。

なぜなら、いわゆる中国の歴史とは、皇帝の歴史そのものだからである。近代以前には、「中国」という「国家」があったわけでもなく、「中国人」という「国民」があったわけでもない。言い換えれば、「中国」という国家が先にあって、それを治めたのが皇帝だったのではないということになる。先にあったのは皇帝である。

皇帝の支配が直接及ぶ範囲を「天下」といった。この「天下」とは、具体的には、皇帝を中心に展開した都市のネットワークをさすものであり、各地にめぐらされた商業都市網の経営が、すなわち皇帝制度の本質なのである。

現代のわれわれの常識では、国民が国家を構成することになっているが、こうした考え方は、世界史のうえでは、ごく最近になって発生した、新しいものにすぎない。十八世紀末の二つの革命、アメリカ独立とフランス革命がきっかけになって、「国家」は「国民」のものだという「国民国家」の観念が、十九世紀に世界中にひろまった。多くの人々が、この国民国家の観念を近代以前の「皇帝の天下」にあてはめて、それを「中国人＝チャイニーズ」という国民が構成する「中国＝チャイナ」という国家だったかのように見なしているわけである。

現代のわれわれが「中国」と呼ぶこの世界は、西暦紀元前二二一年、秦《しん》の始皇帝《しこうてい》がみずから「皇帝」と名乗ったときに誕生した。「秦」が「支那」、つまり「チャイナ」の語源である。この意味で、中国史は、前二二一年から始まる。俗に「中国四千年」というが、これは二十世紀になってから中国人が言い出したことで、現実には何の根拠もない。

一九一一年、中国人が満洲《まんしゅう》人の清朝《しん》に対して反乱を起こした辛亥《しんがい》革命のとき、革命派はこの年を黄帝《こうてい》即位紀元四六〇九年とした。黄帝は暦を創ったとされる神である。これは明らかに、日本の神武《じんむ》紀元（西暦紀元前六六〇年を、神話上の初代の神武天皇の即位の年とする）のまねだったが、この黄帝紀元が「中国四千年」という俗説のもとになった。もちろんこれは神話である。現実の中国の歴史は、西暦二〇〇〇年まででも二千二百二十年間しかない。秦の始皇帝の統一以前には皇帝はまだいないのだから、中国もなく、したがって中国人もいなかった、と考えなくてはならない。

秦の始皇帝がはじめて皇帝という名称を用い、皇帝制度を創り出した。しかし、始皇帝による天下統一は短命に終わり、その死後わずか四年にして秦は滅亡する。皇帝という名称は漢朝《かん》に引き継がれたが、漢朝の初期においては統一の実質はなく、戦国時代のように諸王国が復活してしまった。

その後、始皇帝が創り出した皇帝制度を大きく発展させ、天下の統一を事実上回復して中国文明を方向づけるには、前漢《ぜんかん》の第七代皇帝、武帝《ぶてい》の登場を待たねばならなかった。

中国の皇帝たちの話をするのに、秦の始皇帝ではなく、漢の武帝を最初にとりあげる理由の一つは、そこにある。また、秦の始皇帝は時代が古く、さらに統一が短命だったために、『史記《しき》』の「秦始皇本紀《しんしこうほんぎ》」の章以外には史料がほとんどないことも関係する。いっぽうの漢の武帝は、司馬遷《しばせん》というすぐれた歴史家が側近として仕えていたおかげで、その業績にとどまらず、その人となりを伝える史料が多く残っている。

武帝はきわめて多彩な活動をした皇帝で、個性も強かった。皇帝というのは概して個性が強いものだが、とりわけ武帝の個性は並外れていた。韓《かん》半島の朝鮮《ちょうせん》王国、南の南越《なんえつ》王国、北西の匈奴《きょうど》帝国といった周辺の勢力につぎつぎに戦争を仕掛け、大きな成果をあげた。また、辺境に通ずる道路の建設など、大規模な土木工事も行なっている。武帝が当時の中国とそれを取り巻く世界に与えた影響は、それこそ計り知れないものといえよう。

皇帝制度をフルに活用し、国の内外に徹底した積極政策を押し進めた武帝は、初期の皇帝たちを代表する人物といえるのである。

中国の「皇帝」とは何か

中国文明には、もっとも基本的な要素が三つある。「皇帝」と、「都市」と、「漢字」である。このなかで最重要の要素はもちろん皇帝なのだが、この、皇帝という言葉自体が誤解を招きやすいので、ここでひとこと説明しておきたい。

日本のヨーロッパ史学界では、「古代ローマ帝国」や「ローマ皇帝」という言葉を何気なく使っているが、ここに用語の混同があり、世界史の複雑な問題を含んでいるのである。

厳密に言うと、古代ローマには「皇帝」はいなかった。したがって、古代ローマを「帝国」と呼んでも、それは「皇帝が統治する国家」という意味ではない。

古代ローマの初代「皇帝」として君臨したのはユリウス・カエサル（ジュリアス・シーザー）の甥のガイウス・オクタウィウス（伯父の養子になってガイウス・ユリウス・カエサル・オクタウィアヌスと改名）だが、彼の正式な称号は「アウグストゥス」であって、「インペラートル」（英語のエンペラーの語源）ではなかった。

「アウグストゥス」とは、内戦に勝ち残ってローマ市を制圧した将軍に対して元老院が捧げる称号である。ローマの長老会議にあたる元老院には法律を制定する権限があるが、アウグストゥスは元老院で議員の最上席を占め、元老院の審議で決まらない事項はアウグストゥスに決裁を仰ぐことになっていた。つまりアウグストゥスの本質は「元老院の筆頭議員」であって、元老院があってはじめてアウグストゥスが存在するのである。

これにひきかえ中国には、ローマの元老院にあたる機関が存在したことはない。この点で、それ自体が中国世界の中心である「皇帝」は、ローマの「アウグストゥス」とはまったく性質が異なるのである。

それにもかかわらず、十九世紀の日本の学者が「アウグストゥス」を「皇帝」と訳したのは、先祖代々慣れ親しんできた中国史の枠組みでヨーロッパ史を理解しようとしたための誤訳だった。

では、中国の皇帝とは何か。これについて詳しく述べていくことにする。

皇帝の「皇」という字は、火偏をつけると「煌々」の「煌」になるのでわかるように、きらきらと光り輝くという意味がある。

いっぽうの「帝」という字は、下部（脚）に「口」を加えれば「敵」「嫡」「適」などの旁《つくり》となる。「帝」のもともとの意味はこれらの字と同じで、「対等の相手」という意味をもつ。このことからわかるように、「帝」の本来の意味は「配偶者」である。

では「帝」が配偶者だとすると、相手は誰になるのだろうか。ここで、中国世界の成り立ちに触れる話になってくる。

春秋時代王朝図

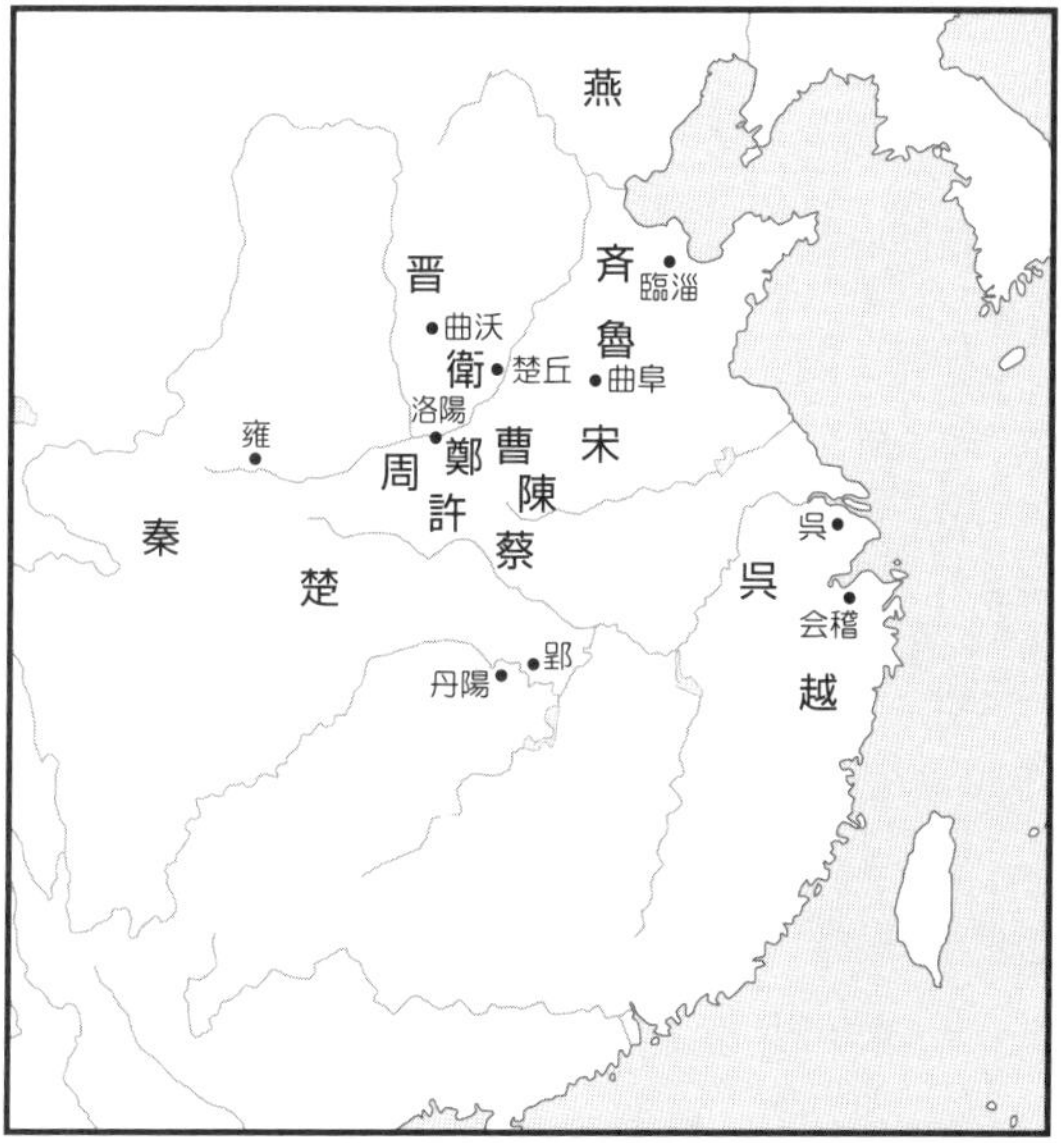

秦の天下統一以前の時代にも、すでにたくさんの都市が中原《ちゅうげん》地帯に点在していた。中原地帯とは、中国文明の発祥の地である黄河《こうが》中流域・下流域をさす。

この中原地帯に点々と現れた古い都市には、一つの共通の特徴があった。どの都市も土で固めた城壁をめぐらし、城門にはそれぞれに頑丈な扉がついていた。いわゆる城郭都市だったわけである。

漢字の「国」の本字の「國」は、まわりを四角い城壁で囲った形をしている。くにがまえの中の「或」は、つちへんをつけると「域」という字になるのでわかるように、「囲いの中の広がり」という意味をもつ。つまり「國」は今の日本語では「くに」と読むが、本来の意味は城壁に囲まれた空間、すなわち城郭都市をさしたのである。

始皇帝による天下統一の前、中原に存在した多くの城郭都市には、それぞれの守護神である大地母神《だいちぼしん》があった。

神話では、天の神がその妻である大地母神をはらませ、大地母神は都市の王家の始祖を産む。この大地母神の「配偶者」である天の神が、すなわち「帝」である。天から雨が降って大地を潤して、そこに生命が生まれるという発想である。

かつて、それぞれの都市は、それぞれの帝を祭っていた。人ではなく、天の神としての帝である。殷《いん》や周《しゅう》の時代には最強の都市の支配者だけが「王」と名乗ったが、春秋《しゅんじゅう》時代を過ぎて戦国時代に入ると、「王」と名乗る都市の支配者が数多く現れた。そのなかで最強の者が、王よりさらに一段上の神、天の神という意味で、「帝」と称したこともあった。

そして、いよいよ秦の始皇帝の登場である。始皇帝は姓は嬴《えい》氏、本名を政《せい》といい、紀元前二四七年、即位して秦王となった。秦は、今の陝西《せんせい》省にあった国である。

秦王政の派遣した秦軍は、当時の中原にあった韓《かん》（河南《かなん》省の禹《う》県）、趙《ちょう》（河北《かほく》省の邯鄲《かんたん》）、魏《ぎ》（河南省の開封《かいほう》）、楚《そ》（安徽《あんき》省の寿春《じゅしゅん》）、燕《えん》（北京《ペキン》）、斉《せい》（山東《さんとう》省の臨淄《りんし》）の六国の王たちをことごとく滅ぼし、紀元前二二一年までに、北は黄河デルタから南は長江《ちょうこう》デルタまでの間にあった都市のすべてを征服した。

諸王国を平定し、天下を統一した秦王政が自分にふさわしい称号をつけるために臣下たちと相談したくだりが、『史記《しき》』の「秦始皇本紀」にある。

戦国時代王朝図

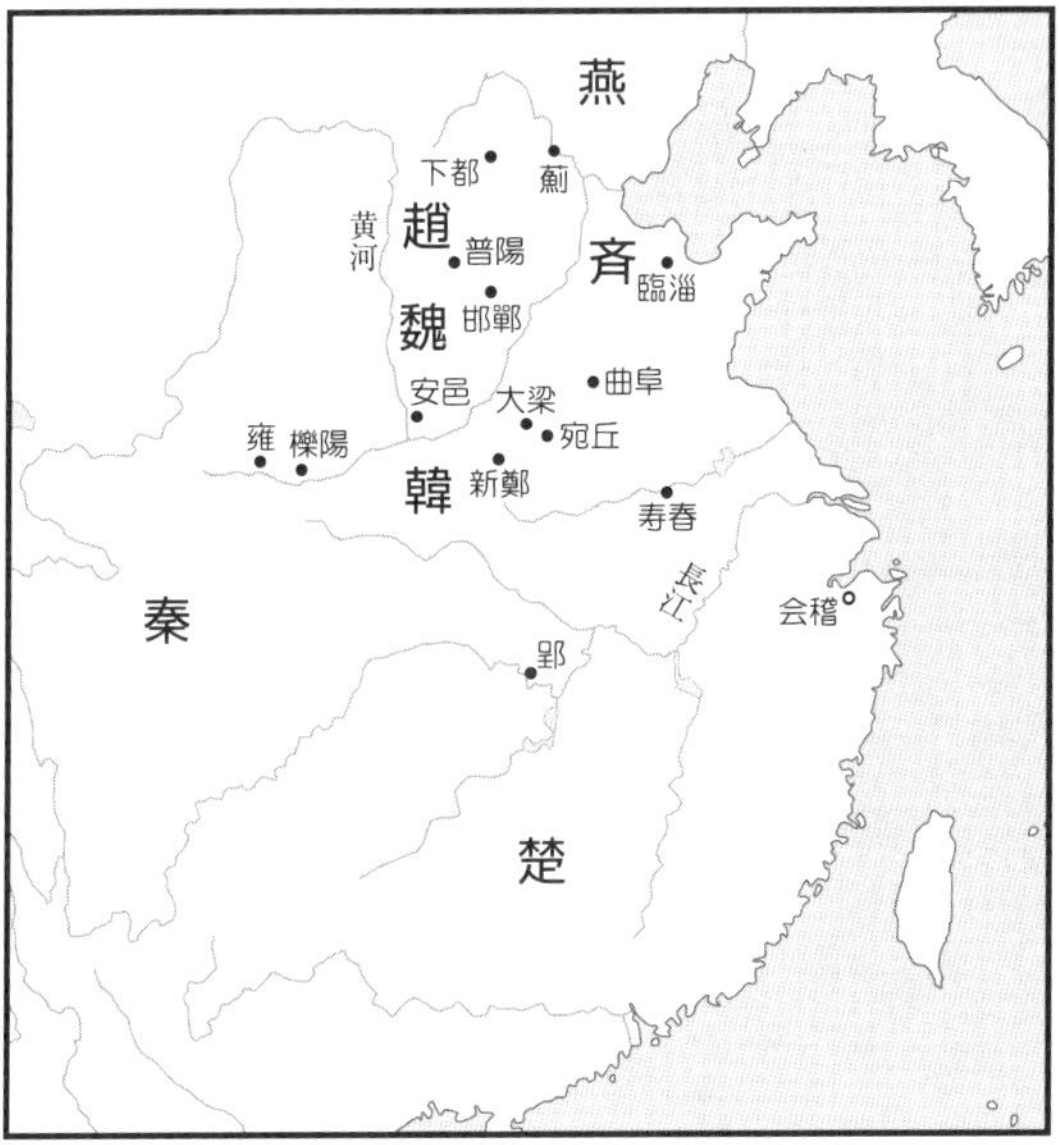

臣下が答えて言うには、

「いにしえには天皇《てんこう》があり、地皇《ちこう》があり、泰皇《たいこう》があり、泰皇がもっとも貴かったと申します。臣らは恐れながら尊号をたてまつり、王を『泰皇』とし、そのお言葉は『制』とし、その御命令は『詔』とし、天子の自称は『朕』といたしたく存じます」

これに対して秦王は答えた。

「『泰皇』の『泰』を取り去り、『皇』を着け、これにいにしえの『帝』という称号を取り合わせて、『皇帝』という称号にしよう。そのほかは答申通りにする」

ここにはじめて「皇帝」という新しい称号が誕生したのである。

「都市」は「天下」の基本単位

中国文明の三大要素の二つ目は「都市」である。都市は、皇帝の支配を受けることによって、はじめて中国世界である「天下」の基本的な単位になった。しかしながら、都市自体は皇帝制度ができる前から存在していた。

黄河流域に都市文明が成長した理由について述べてみよう。

黄河は青海《せいかい》省の高原に源を発して東方に流れ、積石山《しゃくせきざん》を迂回して東北に方向を転じ、甘粛《かんしゅく》省を横断してモンゴル高原に出て、陰山《いんざん》山脈の南麓を東方に流れる。ここから方向を南に転じて急流となる。

そののち、山西《さんせい》高原と陝西《せんせい》高原を分断して南下し、秦嶺《しんれい》山脈の北麓にぶつかって、ここで渭河《いが》を飲み込んで東方に向かう。このあたりまでは、黄河の両岸は黄土層のほとんど垂直な断崖絶壁で、しかも急流だから河を渡れるところはほとんどない。

ところが、黄河が洛陽《らくよう》盆地の北を過ぎるあたりになると両岸は低くなり、やがて鄭州《ていしゅう》と開封の北に達すると、北岸の山西高原も南岸の秦嶺山脈も尽きて、一望の大平原に出る。

ここまでの間、黄河の水には多量の黄土が溶け出しているが、大平原に出ると高度差がほとんどないため、急に流速が落ちて、河水に含まれていた黄土が川底に沈澱しはじめる。こうして年々流出する土砂の量はそれこそ天文学的な量であり、その土砂が海を埋め立ててつくったのが中原の平原なのである。

だから治水工事をしないで黄河を放っておくと、上流で雨が降るたびに、鄭州・開封から東は地平線まで水浸しになった。水路は洪水が引くたびに大きく変わった。そのため、今でも黄河の河口近くでは、洪水の心配がなさそうに見えても人は住んでいない。今の地図に黄河の河道がはっきり描いてあるのは、毎年堤防工事をしてかさあげをしているからである。

黄河は、昔から中国を打つ鞭にたとえられている。有史以来の統計によると、四年に三回か三年に二回の割合で氾濫《はんらん》を繰り返していた。古くは鄭州・開封から東で黄河は多くの細流に分かれ、北は北京から南は徐州《じょしゅう》にいたる河北《かほく》省、山東《さんとう》省の平原に網の目のように広がっていた。

この黄河デルタの南辺は淮河《わいが》デルタ、長江《ちょうこう》デルタと重なる。そのため、河川と湖沼の水路を上手に利用していけば、北は河北省、山東省、河南省から、南は江蘇《こうそ》省、安徽《あんき》省、浙《せっ》江《こう》省、江西《こうせい》省にいたるまで、内陸を舟で航行できるというしくみである。

内陸の水路には、洛陽《らくよう》盆地の南に源を発して東南に流れて東シナ海に注ぐ淮河のほかに、同じく洛陽盆地の南から南に流れて、武漢《ぶかん》で長江中流に注ぐ漢江《かんこう》もある。武漢から西へ少し長江をさかのぼって洞庭湖《どうていこ》に入り、湘江《しょうこう》を南へさかのぼってゆけば、霊渠《れいりょう》の運河で漓江《りこう》につながる。漓江から流れを下ってゆけば、やがて西江《さいこう》となって広州《こうしゅう》で南シナ海に出ることができる。

このように中国は「南船、北馬」の国土といわれるとおり、おもな交通手段は、洛陽盆地より南では船であり、洛陽盆地より北では騎馬であった。そうして、北方の陸上交通路と南方の水上交通路は、すべて洛陽盆地でたがいに連絡する。黄河を南北に渡りやすいのは、川岸が低くて流れの変化がない、洛陽から鄭州・開封までの約二百キロメートルの間だけに限られるからである。

そのため、すべての交通路は一度洛陽盆地に集まり、そこから四方に広がる。洛陽盆地は東アジアの十字路に位置していたのである。しかも洛陽盆地は、黄河の南側に接しているが、洪水にあうことが少ない安定した土地である。この条件が、洛陽を中心として都市文明が発展するのに幸いした。

中国人はどこから来たのか

先史時代、洛陽盆地を取り巻く地域には、それぞれ生活様式の異なる人たちが住んでいた。

洛陽盆地の東方に広がる黄河、淮河、長江の大デルタ地帯に住み、農業と漁業で生活を立て、河川と湖沼を舟をあやつって往来する人々を「夷《い》」といった。「夷」は「低」「底」と同じく「低地人」という意味で、東方の住人なので「東夷《とうい》」ともいう。

洛陽盆地の北方では、山西《さんせい》高原がモンゴル高原から南に突き出して黄河の北岸に接している。山西高原は、古くはカエデ、シナノキ、カバ、チョウセンマツ、カシ、クルミ、ニレなどの森林におおわれ、陰山山脈や大興安嶺《だいこうあんれい》山脈の森林に連なっていた。この森林地帯に住む狩猟民は、毛皮や高麗《こうらい》人参を平原の農耕民にもたらし、農産物を手に入れる交易を行なっていた。この狩猟民を「狄《てき》」といった。「狄」は交易の「易」と同じ意味で、北方の住人なので「北狄《ほくてき》」ともいう。

洛陽盆地の西方の、甘粛《かんしゅく》省南部の草原に住んでいた遊牧民は、平原の農耕民のところへ羊毛をもってやって来た。かれらは「戎《じゅう》」といった。「戎」は「絨」と同じく羊毛という意味で、西方の住人なので「西戎《せいじゅう》」ともいう。

洛陽盆地の南方の山岳地帯には、焼き畑を耕す農耕民が住んでいた。これを「蛮《ばん》」といった。「蛮」はかれらの言葉で人という意味で、南方の住人なので「南蛮《なんばん》」ともいう。

これらの生活形態の異なった人たちは、定期的に交易のために集まり、かれらの生活圏の境の洛陽盆地やその近辺でたがいに接触した。やがて、この人たちが交易を行なう場所に都市が発生した。こうした起源から、中国の都市は商業的な性格をもった。

今、中国人と呼ばれている人たちの祖先は、この東夷、北狄、西戎、南蛮らである。都市に入って混じり合い、城壁の内側で暮らす都市民になったかれらが、やがて中国人になったのである。

黄河の流域で最初に勢力をふるった「国」は夏《か》である。夏人は、東南アジア系の文化をもった東夷で、内陸の水路をさかのぼってきて、河南省の黄河中流域に伝説に残る最古の王権を建てた。「夏」は「賈」「価」と同じ意味で、夏人は「商人」を意味した。

夏を征服して黄河流域に新しい王権を打ち立てたのが、北方の森林地帯から侵入した狩猟民（北狄）の殷《いん》人である。殷の本名は「商《しょう》」で、殷人はすなわち「商人」である。

さらにその殷人の都市を征服したのは、西方の草原地帯から侵入した遊牧民（西戎）の周《しゅう》人であった。周人とその同盟種族は黄河流域の諸都市を支配し、その城壁の中では東夷系・北狄系・西戎系の人々が混じり合っていた。周人よりさらにおくれて、西方から陝西《せんせい》省に入ってきた遊牧民が秦《しん》人である。

これに対して、長江中流域の湖北《こほく》省には、山地の焼き畑農耕民（南蛮）出身の楚《そ》人が王国を建て、長江、淮河流域を支配して黄河流域の諸国と争った。かれらが中国人の先祖となった人たちである。

このように中国人とは、血統ではなく生活形態であり、都市生活の文化でくくられた名称なのである。

皇帝は中国最大の「資本家」だった

皇帝は多くの商業都市のネットワークの支配者である。

かつて「国」と呼ばれていた都市が、皇帝制度のもとでは「県」となった。「県」の本字の「縣」は「系」や「繫」と同じ意味で、この「縣」の下に「心」をつけると「懸」になり、「系」に人偏をつけると「係」になる。このことからもわかるように、「県」はもともと「紐《ひも》でつないで下げる」という意味をもつ。

つまり「県」は直轄という意味で、皇帝に直属する都市をさした。いくつかの県を統轄する軍管区が「郡」である。「郡」は「軍」と同じ意味で、常備軍のことである。郡の長官を太守《たいしゅ》といい、皇帝が派遣した駐屯部隊の司令官で、かれらが地方の県の監督と治安の維持にあたっていた。秦の始皇帝は天下に三十六の郡を置いた。これを郡・県制度といい、始皇帝が確立した皇帝制度の骨格となる。なお辺境では、郡の太守は、その方面の外交の実務をも担当した。

始皇帝は首都を咸陽《かんよう》（陝西省咸陽市）に定めた。首都から出た軍隊は、内陸にのびる交通路に沿って一定の距離をおいて戦略上の要地を占領して、そこに城壁を築き、都市を構えた。これが県で、計画的につくられた都市であった。

県の城門は日の出とともに開き、日の入りとともに閉じた。城内には東西、南北に道路が走って交差しているが、道路に直接面している家はない。道路によって仕切られた街区は、四面を高い塀で囲まれ、一つの街区ごとに入り口となる木戸があり、そこには番人がいる。その木戸も城門とともに開き、城門とともに閉じる。日が暮れて以降、道路に出ている者は不審者と見なされて警官に捕まり、朝まで監禁される。街区の塀の内側は、兵営のような長屋様式の家屋が軒を連ねていて、兵士や商人や職人が住んでいた。

都市でいちばん重要な場所は、中央に位置する県役所と市場である。夜が明けて城門が開くとともに市場も開いて人が集まり、交易は正午で終わった。市場の入場料が商税で、これが皇帝の収入となる。地方の県では、首都から送られた商品や、城内で生産された商品を市場で交易して、その地方の特産品を集めた。地方の特産品は首都の市場に送られ、各地から集まった商品との交易が行なわれた。こうした商品にかけられる商税は、皇帝の収入になった。また、国内の要地には関所があり、そこを通る商品にかけられる関税も皇帝の収入になった。

　皇帝は中国最大の資本家である。資金が必要な者は皇帝が開いている窓口へ行き、金を借りることができた。もちろん高利貸しであるから金利は高い。

　また、皇帝は工場の経営者でもあった。中国特産の陶磁器や絹織物といった高価な商品については、民間の工場もあるが、上質で技術の高いものをつくる工場は皇帝の直営だった。この制度は、はるか後世まで続いた。

　皇帝の事業はこれだけにとどまらない。外国貿易にたずさわる商人にも、皇帝は商品や資本を貸し付け、もどってきたら利息をとって稼いでいた。

　これらの事業のほかに、漢の武帝の時代には塩や鉄の専売もはじまった。

　いってみれば皇帝は、県という商業都市を支社、支店として営利事業を営む総合商社の社長のごとき存在であり、その営業の及ぶ範囲が「天下」、今で言う中国だったのである。

　では、このようにして蓄えた富を、皇帝は何に使ったのだろうか。

　第一には外交と戦争である。国家というものがまだなかった当時、国家財政と宮廷財政の区別もなかった。外交や戦争といった臨時の出費は、官庁の経常費ではなく皇帝のポケットマネーでまかなわれていた。

朝礼と朝貢の重要な意義

皇帝制度を維持するために重要な意味をもっていたのが「朝礼」だった。朝礼は本来は満月の夜の明け方、すなわち陰暦の毎月十六日の早朝に行なわれた。満月の夜に地方から都市へと商人たちが集まってきた。市場の門が開く前の夜明けに、朝礼が行なわれたのだった。

群臣は、夜明け前のまだ暗いうちに、宮城《きゅうじょう》の中の「朝廷」に集まる。朝廷とは、文字通り「朝礼」の行なわれる「庭」である。

北京の故宮《こきゅう》博物院（明《みん》朝・清《しん》朝の時代の紫禁城《しきんじょう》）に行くと、太和殿《たいわでん》の前に広い敷石のスペースがある。これが朝廷で、朝礼はこの露天で行なわれた。朝廷には臣下の位階によって立つ場所が指定されており、正一位（正一品《いっぽん》）がいちばん前で、その次は従一位（従一品）。位階が高いほど前の方で、低いものほど後ろになる。いちばん低い位階が正九位（正九品）、従九位（従九品）である。「位」とは、文字通り、朝廷で「人が立つ」場所のことである。

群臣が朝廷に整列して待っている間に、皇帝は精進潔斎して神を祭り、ヒツジやウシなどの動物を殺して神に捧げる。それが終わって、皇帝が朝廷の殿上にお出ましになって、いよいよ朝礼がはじまる。

号令をかける役人が「跪《ひざまず》け」というと、群臣はいっせいに跪く。「叩頭《こうとう》せよ」の号令で、群臣は額《ひたい》を敷石に三度打ちつけて拝礼し、「立て」で立ち上がる。再び「跪け」と号令がかかる。こうして三回繰り返して跪いて、毎回三度拝礼しては立ち上がる。これを「三跪九《さんききゅう》叩頭《こうとう》」という。

これが清朝時代の朝礼の儀式である。秦の始皇帝や漢の武帝のころのような古い時代のやり方は記録に残っていないが、おそらくは同じようなものだっただろう。

朝礼が終わると、日が昇って、宮城の外の市場の門が開いて取引がはじまる。宮城の中では、朝礼の行事の最後として、殺して神に捧げた動物の肉が近臣に分配された。

これは本来、市場が開く前の手続きだった。取引の参加者がみんなで同じ犠牲の動物の肉にあずかることによって、市場の神様の庇護《ひご》のもとに入るという意味がある。市場は、素性《すじょう》のわからない人間が集まるところで、見ず知らずの相手とも取引をしなければならない。得体のしれない異人との取引は油断ができない。その危険を回避するために、取引の間だけ、参加者全員が一時的に、市場を支配する神の氏子《うじこ》になるという方法を選んだのである。

朝礼では、群臣に混じって外国の使節も参列した。外国の使節の手みやげは「貢《こう》」という。「貢」とは「共」「拱」と同じで、「両手で捧げる」という意味である。貢物の品々は殿上から朝廷における階段の下に並べられ、使節は目録だけをもって殿上にあがり、皇帝に奉呈した。そこで皇帝は外国の使節にねぎらいの言葉をかけた。

こうした手みやげをもって朝礼に参加することが「朝貢《ちょうこう》」である。朝貢は、皇帝に対する友好の意思の表現である。朝貢を行なう者は外国人とは限らない。首都に住まず、直接皇帝の支配下にない者が、手みやげを持って上京して皇帝のご機嫌伺いをするのも朝貢であった。歴代の皇帝は朝貢を歓迎し、朝貢使節の受け入れに熱心だったが、これは遠方の人々の代表が自分を本当の皇帝と認めていることを群臣に見せつけ、天下に向かって宣伝するのに有効だったためであった。

朝貢使節が持参する手みやげは、高価なものである必要はない。干したヒラメなど、それぞれ自分の地方の特産品で珍しいものなら何でもよかった。あくまで友好のしるしだからである。

外国の君主にとってみれば、皇帝に朝貢したからといって皇帝の臣下になったわけではなかった。まして中国の支配権を受け入れたわけでもなかった。朝貢は国家と国家の間の関係ではなく、個人としての君主が個人としての皇帝に対する友好の表明であり、皇帝が朝貢を受け入れるのは同盟関係の承認にすぎなかった。

現代の中国はそこを曲解し、「外国の朝貢は中国への臣属の表現」と解釈している。そのため、歴代の琉球《りゅうきゅう》国王が清朝の皇帝に朝貢を行なっていた沖縄は中国の領土だったということになり、日本が沖縄を一八七二年（明治五年）に領有したのは中国に対する侵略だと主張している。これは国民国家以前の歴史に現代の国際関係の観念をあてはめたこじつけにすぎない。しかも十九世紀の当時には、中国は満洲人の清朝の植民地であって、中国という国家はまだ存在しなかったから、沖縄が中国領だというのは真っ赤な嘘である。

中国人が使いこなせない「漢字」の功罪

中国文明の三つ目の要素は「漢字」である。

漢字そのものは天下の統一以前から存在していたが、秦の始皇帝によって大きくその性質を変えられ、その影響が現代まで尾を引いているのである。

われわれ日本人は毎日漢字を使っているため、それがどんなに特殊な文字であるか実感することはない。ところが、漢字は非常に特異な文字で、ことに中国人にとっては漢字ほど使いにくいものはない、というのが事実である。

ではなぜ日本人にとって漢字は不便でないかというと、日本人は長い間にわたって、漢字を使いこなすための工夫を凝《こ》らしてきたからである。七世紀の建国の直後から、日本人は訓点の方式や、万葉仮名、カタカナ、ひらがななど、表音文字の開発に力を入れ、漢文をヤマトコトバで読み下すことに努力して、どの漢字にも何通りもの音と訓をあてて読んできた。

そのおかげで、日本人は同じ漢字を書いても、それに異なった読み方のルビをふることによって、その意味や発音を簡単につかむことができる。

ところが、中国人は不幸なことにそういう立場にない。漢字は中国で生まれたものだが、意外なことに、中国語で漢字を使うのは非常に難しいのである。

漢字は表意文字であるため、それぞれの字は、特定の音の単語、つまり言葉を表さない。表すのは、だいたいの意味の範囲だけである。ほかの字と組み合せて意味の範囲をしぼることはできるが、そのためにかえってもとの字の意味があいまいになりやすい。漢字と漢字を合成して、新しい字、いわば嘘字をいくらでも勝手につくることもできた。そのうえ、表意文字だから、意味さえ同じならどういう音で読んでもよかった。

そういうわけで、始皇帝が中原《ちゅうげん》の諸国を統一したとき、人々の話し言葉は地方ごとに別々で、中国語というような共通の言語はまだなかったから、同じ漢字に何通りもの読み方があったし、漢字の種類も字体も用法も地方ごとに流儀がまちまちだった。

そこで始皇帝は、漢字の字体を統一した。そのために『蒼頡《そうけつ》』『爰歴《えんれき》』『博学《はくがく》』などの韻文の教科書をつくって暗誦させた。これらの教科書に採録された公認漢字は三千三百字で、これで字体と字音が統一された。

読み方は、漢字一つに対して一つの音だけをあてた。それも子音―母音―子音という一音節でできている、単純な音である。しかもその音は、意味のニュアンスによって形が変わることはない。どこで出てきても読み方は同じである。これによって漢字の音は、意味を持った言葉ではなく、その字の単なるラベルとなった。始皇帝のこの改革が、現代にいたるまで漢字の運命を決定した。

意味に関係なく読み方が変わらないから、漢字には名詞とか動詞とか形容詞といった品詞の区別もない。人称もないし、過去、現在、未来といった時称もない。能動態や受動態といったものもない。品詞の区別がないのだから、漢文には主語―述語―目的語とか、形容詞―名詞といったような一定の語順もない。つまり漢文には文法というものがない。

加えて、漢字についている音は、いわば、その文字の名前である。そのため、漢文を一字一字、声に出して読み上げても、それを聴く中国人にはふつうは意味がわからない。意味がわかるのは、音を聴いて、たまたまもとの漢字の組み合わせを思い浮かべられたときだけである。

こうした特性のため、漢字は意味の微妙なニュアンスを表すことができない。漢字の音は、もともと人間が感情を表現する話し言葉と直接結びついていないため、漢文では、ごくおおざっぱな表現しかできない。細かなことは表現が不可能なのである。この缺陥は始皇帝の字音統一の副産物であるが、同時に、共通の話し言葉のない人々の間の、広い地域のコミュニケーションにとっては利点となった。言い換えれば、始皇帝が決めた漢字の使い方に従う人々が住む範囲が「天下」、今で言う中国だということになる。

秦の始皇帝のめざした漢字の意味の統一のほうは、どういうテキストを基準として公認するかを決めればよかった。なぜなら、一つ一つの漢字の意味は、それがほかのどんな字と組み合わせになってくるかで決まるからである。このため始皇帝は、民間の哲学書や歴史書を没収して焼き捨て、漢字を学びたい者は役人に弟子入りして秦の法令をテキストにすることにした。紀元前二一三年の事件で、これがいわゆる「焚書《ふんしょ》」である。

秦は焚書のわずか七年後にほろびたが、始皇帝の文字改革の成果はそのまま残った。漢字の用法は、秦の法令の代わりに古典のなかの用例に従うことになった。漢字には文法がないので、漢文の意味を解読する手がかりは古典のなかの用例だけである。同じ漢字が古典のなかでどう使われていたかを思い出して、もとの文脈から意味を推定するしか方法がない。だから漢字を使いこなし、漢文を自由に読み書きするためには、彪大《ぼうだい》な量の古典のテキストを丸暗記する必要がある。

漢字のこの性質のために、中国では古典の思想がいつまでも文章の書き方を束縛することになった。古典にない漢字の使い方をして新しい思想を表現しようとすれば、誰にも理解できない文章にしかならない。こうした漢字の問題は現代まであり、毛沢東《もうたくとう》は、「文字はかならず改革され、世界の文字に共通する表音の方向におもむかねばならぬ」と言っている。具体的には漢字を廃止してローマ字を採用すべし、というのがその趣旨である。

そのために中華人民共和国では、中国語のローマ字綴りが開発された。しかし、漢字の廃止は実行不可能だった。なぜなら、現代の「普通話《プートンホワ》」、いわゆる「中国語」は、北京を中心とする、ごく限られた範囲でしか使われない音を基礎としているからである。日本でも、地方によっては、東京方言を基礎とした共通語の発音ができない人がいる。それと同じことが中国でもある。

たとえばZH、CH、SH、Rという巻き舌音だが、この音は北京語にしかない。その他の地方の人は、巻き舌音を耳で聞いても、Z、C、S、Yと同じように聞こえて、聞きわけにくく、まして発音しわけることもできない。だから、zhongguo とローマ字で書いてあっても、それが「中国」なのか、それとも「宗国（zongguo　祖国）」なのか、地方の人には区別できない。また逆に、地方の人が自分の苗字を北京語のつもりでなまって Zang とローマ字で書いても、他の地方の人には、それが「張（Zhang）」なのか、「臧（Zang）」なのか見当がつかない。

それよりもさらに重大な問題がある。漢字を廃止してローマ字に切り替えると、これまでは漢字の蔭に隠れていた、中国語（普通話）とは系統がちがう地方ごとの話し言葉が表面に出てきて、中国の言語が多様で統一がないこと、中国人（漢族）という民族が実在しないことがはっきりしてしまう。言い換えれば、漢字の廃止と同時に、中国が統一を保ちつづける理由もなくなることになる。

こうした事情で、現代の中国は中国語のローマ字化を断念したのだった。

武帝が即位した裕福かつ閉塞した時代

「中国」という字面は、本来は「中央の都市」の意味で、首都の城壁の内側だけをさした。都市の城内の住民だけが戸籍に登録された「民」、今で言う中国人で、城外の人は「夷狄《いてき》」または「蛮夷《ばんい》」と呼ばれた。つまり中国人にとって、都市と

漢の武帝関連年表

前156
武帝が生まれる。名は徹、景帝の次男、母は王美人

前154
呉・楚七国の乱

前153
景帝が皇子徹を膠東王となす（四歳）

前150
景帝が皇太子栄を廃し、皇后王氏を立て、膠東王徹を皇太子となす（七歳）

前149
第三次ポエニ戦争、第四次マケドニア戦争（〜148）

前146
ギリシア、ローマの属州になる

前141

都市の間のオープンスペースは異界だったのである。

ところが、都市の発達にともない皇帝の影響力が広がると、城壁の外の人たちも戸籍に登録されて、「民」と見なされるようになっていった。

そして、漢の武帝が即位するころになると、黄河の中流域・下流域の都市化した地帯が、広く「中国」と呼ばれるようになった。それでも、「天下」と「中国」とはまだ同義語ではなかった。皇帝の勢力が及ぶ範囲の「天下」のなかには、都市化した「中国」地帯と、まだ都市化していない「蛮夷」地帯が入り混じっていたからである。

漢の武帝《ぶてい》は西暦紀元前一五六年に生まれた。本名は徹《てつ》という。父は漢《かん》を建てた高祖劉邦《こうそりゅうほう》の孫の景帝《けいてい》で、母は王美人《おうびじん》。美人というのは女官のランクで、皇后ではなかった。父の景帝には薄皇后《はくこうごう》が産んだ長男の栄《えい》がいて、武帝は次男だった。

秦の始皇帝は戦国時代の諸国を統一して、すべてを皇帝の

景帝が崩ずる／武帝が即位する（十六歳）

前139
茂陵邑を置く

前135
太皇太后竇氏（文帝の皇后、景帝の母）が崩ずる

前133
匈奴の単于を馬邑に撃たんとして失敗する

前130
巴・蜀を発して南夷道を治める／皇后陳氏を廃する

前128
蒼海郡を置く／皇后衛氏（衛子夫）を立てる

前127
匈奴の河南の地を収め、朔方・五原郡を置く

前126
蒼海郡をやめる／皇太后王氏

直轄地としたが、始皇帝が死ぬと各地で反乱が起き、戦国時代の諸王国がすべて復活してしまった。前漢《ぜんかん》の初期にはまだその状態が尾を引いており、あちらこちらに独立の王国が残っていた。

　諸王国では、漢の皇族が王として迎えられることもあったが、それでも、中国全土を皇帝が直接支配したとはいえなかった。天下で最大の領土をもっていた君主が漢の皇帝だったということである。

　武帝が三歳の紀元前一五四年、呉《ご》・膠西《こうせい》・楚《そ》・趙《ちょう》・済南《さいなん》・菑《し》川《せん》・膠東《こうとう》の七国の王たちが連合して漢に対して開戦したが、漢軍に敗れて平定された。この戦争を「呉《ご》・楚七国《そしちこく》の乱」という。この乱の結果、漢の皇帝ははじめて諸王国に対して絶対的な優位に立つことになった。

　その翌年、武帝が四歳のとき、父の景帝は、長男の栄に皇太子、次男の武帝に膠東王《こうとうおう》の称号を与えた。膠東は山東省にあった王国である。

（武帝の母）が崩ずる／西南夷をやめる

前１２３ 大将軍衛青らが匈奴を撃って幕（ゴビ）をわたる

前１２２ 淮南王安・衡山王賜が謀反して誅せられる／皇子拠を皇太子とする

前１２１ 匈奴の昆邪王が降る、その地を武威・酒泉郡となす

前１１２ 南越を撃つ

前１１１ 南越の地を定め、南海・蒼梧・鬱林・合浦・交阯・九眞・日南・珠崖・儋耳郡となす／西南夷を定め、武都等の五郡となす／張掖・敦煌郡を置く

前１１０

やがて、景帝と薄皇后との仲が悪くなったため、景帝は薄皇后と皇太子栄を廃位し、武帝の母の王美人を皇后に立てた。それに伴い、次男の武帝も皇太子に立てられた。紀元前一五〇年のことで、このとき武帝は七歳だった。

その後、前一四一年に景帝が亡くなり、武帝は十六歳で即位することになる。

この当時の漢の社会がどういう状態だったかは、武帝に仕えた司馬遷《しばせん》が、『史記《しき》』の「平準書《へいじゅんしょ》」という経済問題を扱った章の中で、次のように記している。

今上《きんじょう》皇帝（武帝）が位についてから何年か経つまで、漢の統一から七十年あまりの間は、世の中はおだやかで、洪水や日照りなどの災害さえなければ、民間では人にも家にも余裕があり、都会でも田舎でも穀物倉はみな満杯だった。そして官庁の収納庫には財貨が有り余っており、首都では銅銭が何億銭も積み重なって、ぜにさしの紐《ひも》が腐って勘定もできなか

武帝自ら兵十八万騎を率いて北辺を巡る／東越を降し、その地を虚にする／武帝自ら東海の上を巡り、泰山に封禅を行ない、碣石より北辺を巡る

前108
朝鮮を降し、その地を楽浪・臨屯・玄菟・眞番郡となす

前106
武帝が南方を巡る／刺史の部十三州を置く

前104
十一月甲子朔旦冬至、暦を改めて正月を歳首とし、土徳と定める／司馬遷が『史記』の著作を始める／貳師将軍李廣利に大宛を征させる

前101
李廣利が大宛王の首を斬り、汗血馬を獲て帰る

前99

った。太倉《たいそう》（政府に物納された穀物の貯蔵庫）では古い穀物の上に穀物が重なって、入りきれなくてあふれて外に野積みになり、腐って食えなくなっていた。一般の民衆でさえ都市の街路で馬を飼っており、狭い路地に馬が群をなしていた。そして牝馬に乗る者は排斥されて、集まりに加えてもらえなかった。

ここで注釈を加えると、馬をもつのは、今でいえば自家用車をもっているようなものである。牝馬に乗る者が排斥されて、集まりの仲間に入れてもらえなかったというのは、みんなが乗っているのが去勢してない牡馬だったために、牝馬が仲間に入ってくると、牡馬が興奮して暴走する恐れがあったためである。

騎都尉李陵が匈奴に敗れて降る／司馬遷が連座して宮刑を受け蚕室に下る／東方に群盗が起こる
前91
巫蠱の獄が起こり、皇后衛氏・皇太子拠が自殺する
前88
ミトリダテス戦争（～63）
前87
二月十二日、皇子弗陵を立てて皇太子となす／同十四日、武帝が崩ずる（七十一歳）／同十五日、皇太子が即位する（昭帝、八歳）

ここで「平準書」の文章にもどる。

町内の木戸の番人でさえ、精白した穀物と肉を食っていた。役人は、子孫が成人になる

まで同じ職にとどまったし、役所の名前を苗字や屋号にするほどだった。そのために人それぞれに体面を大切にして法律を犯すことをはばかったし、立派な行ないを第一にして恥ずかしい行ないをいやしめた。この時代には、取り締まりはゆるやかで民は富んでいたので、財力にまかせて好き勝手なことをすることが多く、成り上がりの者どもが実力で地方に権勢を振るうことまであったほどだった。皇族や諸侯や高官たち以下は、競争でぜいたくをして、邸宅や乗り物は皇帝なみで、際限がなかった。

これが司馬遷が描写する、武帝の即位後しばらくの漢の社会である。

ここに描かれているのは、富は蓄えられ生活は安定しているが、いっぽうにおいては変化のない、退屈な、能力があっても昇進の余地のない閉塞した社会である。このような時期に即位したのが、血気盛んな青年皇帝の武帝だった。武帝は、漢の財力を総動員して徹底した積極政策に打って出て、世の中がひっくり返るほどの大事業を繰り広げたわけである。

強大な権力を握った君主の典型

父景帝のあとを継いで紀元前一四一年に即位したとき、武帝は十六歳であった。以後、七十一歳で紀元前八七年に亡くなるまでの在位は、実に五十四年間にわたった。この長い在位期間もまた、武帝が皇帝の権力を思う存分にふるった要因になった。

君主がふつうの人の一生に匹敵するほどの長い期間、在位するのは大変なことである。摂政時代を含めれば六十八年間も日本を代表した昭和天皇や、六十四年間イングランド女王の玉座にあって、十九世紀という時代をつくったヴィクトリア女王の例を引くまでもなく、在位の長い君主は、その時代に大きな影響を残すことになる。

そうした君主には共通の特徴がある。

当然のことながら、かれらはきわめて若くして位につく。即位した当初、年若い君主は、前の君主の側近であった重臣たちに取り巻かれる。経験を積んだ老臣たちに教え導かれる立場にあり、自主的な裁量が許される範囲は制限される。

ところが、在位の中頃になると、そういった先代に仕えた老臣たちはだんだんに引退してゆく。すると君主は、それまでの反動もあって、自分の好きなように振る舞うようになる。既成の権力と関係のない、自分より若い人間をまわりに集め、権力を自分の手の中に集中してゆく。

在位の末期になると、権力の集中は頂点に達する。その理由は、まわりに君主をおさえる者が全くいなくなるからである。

武帝もその例から免れなかった。というのも、武帝の在位の末期になると、宮廷や政府の要職にある者たちは、生まれたときにはすでに武帝が君臨していた世代になったからである。そういう側近たちには、武帝が皇帝でない世界というのはおよそ想像ができない。物心ついて以来ずっと、皇帝は武帝一人だったからである。

するとどうなるか。君主は絶対的な神に等しい存在となる。君主のちょっとした気まぐれに対しても、それを諫められる側近は皆無となる。

昭和天皇の場合も、昭和の後期になると、政治に関して昭和天皇以上に経験を積んだ先達はほとんどいなくなってしまった。このような状況では、総理大臣や参謀総長は、昭和天皇から意見を求められても、ただ恐れ入るばかりであった。しかしながら、昭和天皇は立憲君主であり、憲法上、自分の意見を明らかにしてはならなかった。昭和天皇が判断を下されたのは、補佐にあたる総理大臣以下の重臣たちが判断を放棄してしまったときに限られた。実際に昭和天皇が超憲法的な決断を下したのは、二・二六事件と終戦のときの二回だけだった。

ところが立憲君主制のないところでは、長く在位した君主は恐ろしい権力をもつ。武帝はまさにその典型ともいえる皇帝となった。

匈奴征服をめざした武帝の大規模攻勢

武帝が即位した当初、祖母にあたる太皇太后竇氏《たいこうたいごうとうし》が実権を握っていた。この人は五代文帝《ぶんてい》の妻、六代景帝の母で、すなわち高祖劉邦の息子の嫁にあたる。

しかし、太皇太后が紀元前一三五年に亡くなると、武帝はいよいよ指導力を発揮し、辺境のあるゆる方向に向かって大規模な軍事行動を展開した。それと同時に、軍事費をまかなうために全面的な経済統制を行なった。

この当時の漢は、四方の貿易路をことごとく塞がれた状態だった。東南方の海岸地帯には東甌《とうおう》王国（浙江《せっこう》省温州《おんしゅう》市）、閩越《びんえつ》王国（福建《ふっけん》省福州《ふくしゅう》市）があり、南越《なんえつ》王国（広東《カントン》省広州《こうしゅう》市）があり、東方の韓《かん》半島には朝鮮《ちょうせん》王国（平壌《へいじょう》）があり、西北方には匈奴《きょうど》の遊牧帝国があって、それぞれの方面の貿易の利権を独占していた。こうした状況に我慢のならなかった武帝は、包囲を突破して貿易の利権を漢の手中におさめようと情熱を傾けた。

武帝が最初に取り組んだ相手は、モンゴル高原の匈奴だった。匈奴は史上最初の遊牧帝国で、漢とほぼ同時に建国し、それ以来ずっと漢に対して軍事力の優勢を誇っていた。

モンゴル高原の遊牧民はもともと、ウマ、ウシ、ラクダ、ヒツジ、ヤギを飼い、水と牧草のゆたかなところを求めて、年間を通じて移動を続けながら自給自足経済を営んでいた。

穀物や絹織物が必要になったときにだけ、中国の北方辺境へやってきて交易していた。

しかし、秦の始皇帝の統一によって、遊牧民たちの交易がうまくいかなくなった。なぜなら、あらゆる辺境貿易が秦の統制下に入ったからである。

遊牧民の商品は安く買いたたかれた。これに腹を立てて乱暴をはたらくと、中国から大軍を送り込まれてさらに叩かれる。そこで始皇帝の時代の末期になると、中国に対抗するため、モンゴル高原の広い地域に散らばっていた遊牧民たちが、匈奴という部族の単于《ぜんう》（君主の名称）のもとに結集した。これが遊牧帝国匈奴の起源である。

匈奴は軍事的には強力だったが、人口は少なかった。そもそも遊牧民の人口はあまり多くない。現在のモンゴル国を例にあげても、人口は二百三十万人ほどで、そのうちの四分の一は首都のウラーンバートルに住んでいる。古い時代のモンゴル高原の遊牧民の人口は、おそらく百万人程度だったと推測される。

しかしながら、匈奴の軍隊は騎兵隊だったために行動が早く、大変に強かった。これに反して、中国の軍隊は歩兵が主力だったために、進軍の速度がおそく、しかも草原地帯では食糧を現地調達できないために、遊牧民の騎兵に補給ルートを断たれて不利におちいりやすかった。

紀元前二〇〇年、漢の高祖劉邦は匈奴を討つためみずから軍を率いて北上したが、逆に

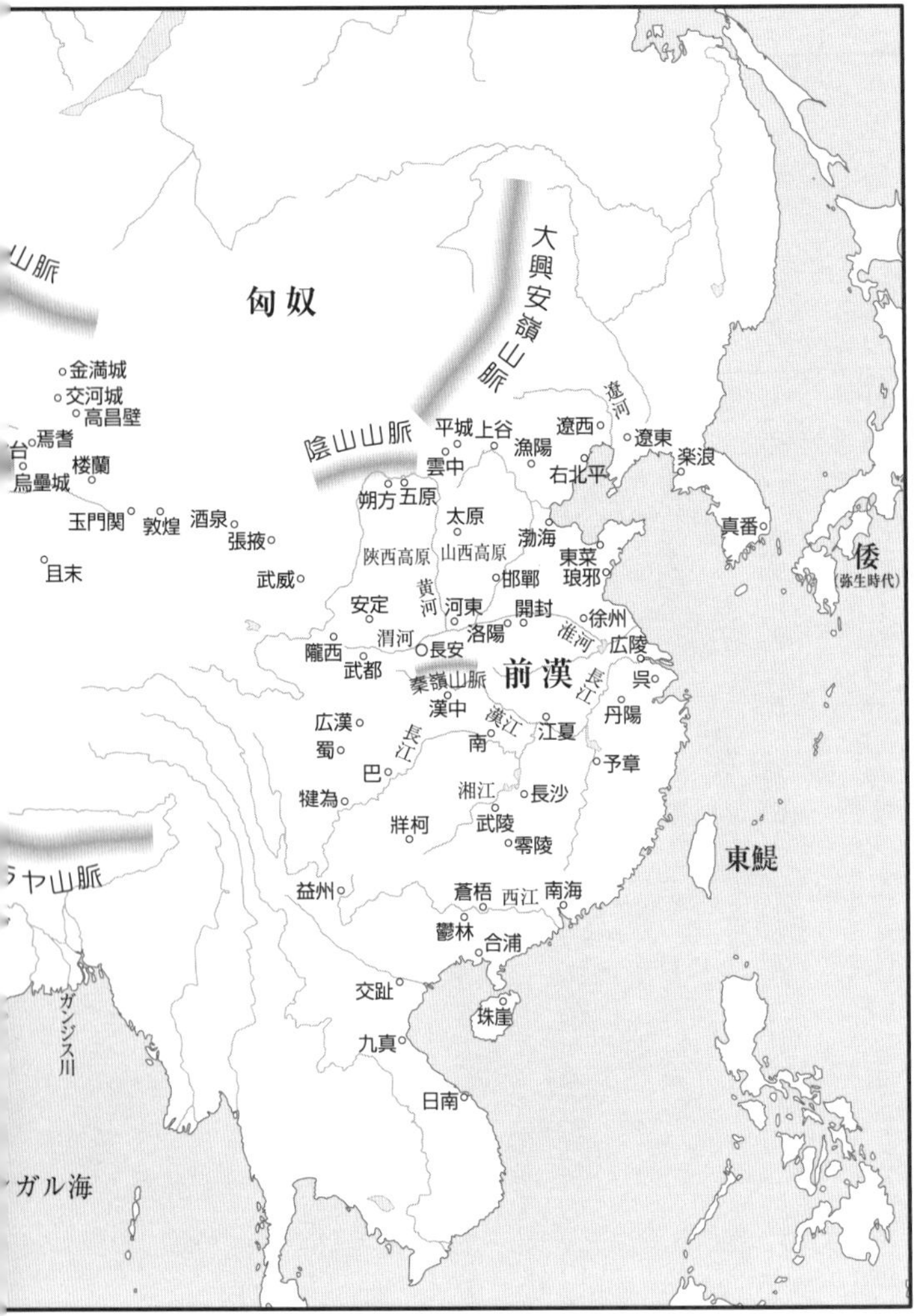
匈奴
大興安嶺山脈
山脈
金満城
交河城
高昌壁
焉耆
台
楼蘭
烏壘城
玉門関
敦煌
酒泉
張掖
且末
武威
陰山山脈
平城
上谷
雲中
朔方
五原
遼西
遼河
遼東
漁陽
右北平
楽浪
太原
渤海
陝西高原
山西高原
東莱
琅邪
邯鄲
真番
倭
(弥生時代)
黄河
安定
河東
開封
徐州
洛陽
淮河
渭河
長安
広陵
隴西
武都
前漢
秦嶺山脈
長江
呉
漢中
丹陽
広漢
漢江
江夏
蜀
南
巴
予章
湘江
長沙
犍為
牂柯
武陵
零陵
東鯷
ラヤ山脈
益州
蒼梧
西江
南海
鬱林
合浦
ガンジス川
交趾
珠崖
九真
日南
ガル海

オクソス海
バルハシ湖
カスピ海
康居
ヤクサルテス川
オクソス川
大宛
天山山脈
ヘカトンピュロス
温宿
疏勒
莎車
安息
(パルティア王国)
葱領
大月氏
大夏
バクトリア王国
ペルシア海
アラビア
アマラヴァティ
アラビア海

遊牧民の統一者であった匈奴の冒頓単于《ぼくとつぜんう》によって平城《へいじょう》（山西省大同市《さんせいだいどう》）で七日間にわたって包囲された。結局、劉邦は頭を下げて謝り、漢から匈奴へ毎年貢ぎ物を贈る取り決めがなされた。

しかし、その後も国境での衝突は絶えなかった。

高祖のあと、恵帝《けいてい》、呂后《りょこう》、文帝、景帝の四代の間は漢はじっと我慢し、匈奴に対して下手に出ていた。武帝はちがった。血気盛んな若い皇帝は、消極政策に甘んずることなく、匈奴の単于をとらえて遊牧民問題を一挙に解決しようと試みた。

紀元前一三三年、馬邑《ばゆう》（山西省朔《さく》県）に三十万の漢の兵を送り込み、匈奴の軍臣単于《ぐんしんぜんう》が略奪に侵入してくるのを待ち伏せた。軍臣単于は漢の守りがないと信じて侵入してきた。ところが単于は、家畜が山野にあまねく散らばっているのに誰一人として人の姿がないのを不審に思い、中国人の役人を捕まえて尋問した。すると、実は三十万の大軍が控えていると言う。単于は大変驚いて引き返した。

この前一三三年の馬邑事件から漢と匈奴の間の衝突が辺境で繰り返されるようになったが、まだ全面対決にはいたらなかった。それが一変して、匈奴に対して武帝が積極的に大規模な攻勢に出るようになったのは、前一二九年からのことである。

武帝の愛人に衛子夫《えいしふ》という女がいた。もとは武帝の姉の家の召使いだったが、武帝に気に入られて宮中に入り、皇子を産んで皇后に立てられた。衛子夫の弟が衛青《えいせい》で、その縁で武帝に取り立てられた。前一二九年、衛青は車騎将軍《しゃきしょうぐん》となって、漢軍を率いて今の北京の西北の上谷《じょうこく》からモンゴル高原に攻め込み、龍城《りゅうじょう》というところで敵の首七百級を斬った。この龍城は、匈奴が毎年の夏至のころに大会議を開いて、先祖や天地や鬼神を祭るところであった。

このときからはじまって、漢は毎年のように数万の大軍を動員して匈奴と戦争を繰り返し、莫大な数の死傷者を出したが、匈奴を絶滅させることはできなかった。それでも黄河の湾曲部から匈奴の勢力を一掃することには成功したので、武帝はこの地に朔方郡《さくほう》（陝西省北部）、五原郡《ごげん》（内モンゴル西部）を置いた。衛青は功によって大将軍に昇進した。

衛青の別の姉の息子の霍去病《かくきょへい》も、驃騎将軍《ひょうきしょうぐん》となって匈奴との戦争に活躍し、西北辺境の東トルキスタン（新疆《しんきょう》ウイグル自治区）に通じる回廊を開拓したので、武帝はこの地に武威《ぶい》郡（甘粛《かんしゅく》省武威県）、酒泉《しゅせん》郡（甘粛省酒泉県）を置いた。こうした漢のめざましい攻勢も、前一一七年に霍去病が死んでからは勢いがおとろえた。

初めて西域情報を得た張騫の探査行

そのころ、モンゴル高原の匈奴のさらに西方に、大月氏《だいげつし》という別の遊牧民の大部族があった。大月氏と匈奴が仇敵の間柄であることを知った武帝は、即位して間もなく、大月氏と同盟して匈奴をほろぼそうと考えた。その使節の募集に応じたのが張騫《ちょうけん》という人であった。

張騫は隴西《ろうせい》郡（甘粛省蘭州《らんしゅう》市の付近）を出発して西北方に向かったが、途中で匈奴に捕まってしまう。匈奴の単于は張騫に妻を与えて十年あまりも引き留め、そのうち息子が生まれた。監視がゆるんだので、張騫は匈奴から脱出して大月氏に向かい、西へ何十日も逃走して中央アジアに向かった。

たどり着いた先は、今のウズベキスタンの東部のフェルガナ盆地にあった大宛《だいえん》王国だった。張騫は、漢に協力すれば中国産の珍しい物産が手に入ると大宛王を説得した。大宛は張騫を護送して、今のカザフスタンのシル・ダリヤ河畔の康居《こうきょ》という遊牧部族に送り届け、康居はさらに張騫を大月氏に送り届けた。このころ大月氏は、今のウズベキスタンのアム・ダリヤ河の北に遊牧しており、アフガニスタンの北部の大夏《たいか》を征服して安楽な生活を送っていたので、いまさら漢と同盟して匈奴をほろぼそうという張騫の説得に応じるはずがなかった。

張騫はその後、漢への帰り道で再び匈奴に捕まるという波瀾に見舞われながらも、前一二六年になって、ようやく漢に帰り着いた。出発から十三年も経っていた。

張騫は結局、大月氏と同盟を結ぶという使命は果たせなかったが、張騫が武帝に報告した見聞によって、中央アジアから西アジア、南アジアにかけての諸国に関する詳細な情報が、はじめて中国人に知られることになった。

張騫の報告の内容は『史記』の「大宛列伝《だいえんれつでん》」という章に載っているが、そこには武帝の性格をうかがわせる話がある。

張騫はアフガニスタンの大夏国にいたとき、そこで四川省の産物の竹杖と布を見た。どこから手に入れたのかと問うと、大夏国の人は、「商人がインドに行って買ってくるのだ」と答えた。張騫はそこで考えた。甘粛省から北回りで大夏に行くルートは、道がけわしいうえに匈奴に捕まりやすい。四川《しせん》省からインド経由で大夏に行くほうが、きっと近道で、しかも安全にちがいない。

武帝は、大宛（フェルガナ）や大夏（アフガニスタン）や安息《あんそく》（パルティア）などはみな大国で、珍しい産物が多く、定住した都市文明であって、しかも軍事力が弱くて、漢の財物を珍重していること、その北の大月氏（ウズベキスタン）や康居（カザフスタン）などの遊牧民は、軍事力は強いが贈り物で買収すれば朝貢させられそうなことを聞いた。そういうことなら、これらの諸国と同盟が結べれば漢の勢力圏は広大になるし、何重にも通訳が必要なほど遠くの外国人が朝貢に来て、武帝の威勢は世界の隅々にまで及ぶだろう。そう思った武帝はすっかり喜んで、張騫の言うとおりだといい、四川省から四道に分かれて大夏に使節を派遣したが、もちろんことごとく失敗した。

武帝はまた、張騫から烏孫《うそん》という遊牧部族のことを聞いた。烏孫は、新疆ウイグル自治区の天山《てんざん》山脈の北からカザフスタンの東部にかけて住んでいた。武帝は、烏孫を買収して東方に移住させ、匈奴と東トルキスタンの間の連絡を断ち、漢から大夏への交通路を確保しようという張騫の進言に従って、前一一九年、張騫を再び西北方に派遣した。烏孫を東方に移住させることには成功しなかったが、このとき烏孫から漢に多くの優秀な馬が献上された。烏孫の馬に続いて大宛からも、さらに優秀な馬が漢にとどいた。

これよりさき、張騫が西域から持ち帰った情報のなかに、大宛の汗血馬《かんけつば》の話があった。これは天馬の血統を引くという大型の馬で、興奮すると前脚の上膊部《じょうはくぶ》の皮膚の薄いところに血管から血がにじみ出るので、この名がある。

この名馬を武帝は大変に気に入った。中国の平原では馬が育たず、育っても病気がちで生殖能力が弱く、繁殖しない。そのため、中国が軍事力を維持するためには、モンゴル高原の遊牧民から定期的に馬を購入しなければならなかった。しかもその馬は、今のモンゴル馬と同じ小型の馬で、漢が騎兵戦で匈奴を圧倒しようとすれば、より大型の強力な馬が必要だった。

張騫は前一一五年、四年ぶりに烏孫から漢に帰り、翌年に死んだ。その後、武帝は、大宛には実はもっと良い馬があって、貳師城《にしじょう》というところに隠してあると聞いた。武帝は使節を大宛に派遣して貳師城の馬を要求したが、大宛は拒絶した。武帝は大いに怒り、李広利《りこうり》という人を貳師将軍に任命して、六千騎の漢軍を率いて大宛に遠征させた。

李広利は、武帝の愛人の李夫人《りふじん》の兄である。貳師将軍李広利は前一〇四年、漢を出発したが、とうとう大宛に行き着けず、生き残った一割か二割の兵力とともに敦煌《とんこう》まで引き返してきた。武帝は激怒して、玉門関《ぎょくもんかん》を閉じて李広利の入国を拒否した。

たまたま漢軍は匈奴に大敗して、二万の兵力を失った。高官たちはみな、大宛遠征をやめて匈奴との戦争に全力をそそぐべきだとの意見であった。しかし武帝は、大宛のような小国でさえ屈服させられないのでは、外国の笑いものになるといって譲らず、前一〇一年、こんどは六万人を動員して、李広利とともに大宛遠征に送り出した。そのうち大宛にたどり着いたのは三万人だった。大宛は降伏し、上等の馬を数十頭、中等の馬を三千頭あまり漢に引き渡した。李広利とともに生きて帰り、玉門関を入った兵力は一万人あまりにすぎなかった。

武帝は喜んで歌った。

天馬《てんば》来たる、西の極《はて》より。

万里《ばんり》を経て、有徳《ゆうとく》に帰《き》す。
霊威《れいい》を承《う》けて、外国を降す。
流沙《りゅうさ》を渉《わた》りて、四夷《しい》は服す。

これは、自分の意志を通すためには人命や財力の消耗を何とも思わない、武帝の強情な性格をよく示す話である。

南方と東方の征服

匈奴との戦争、および中央アジアへの交通路の開拓と平行して、前一一一年、武帝は大軍を南方に送って、今の広州市の南越王国を滅ぼし、広東《カントン》省に南海《なんかい》郡・合浦《がっぽ》郡、広西《こうせい》チワン族自治区に蒼梧《そうご》郡・鬱林《うつりん》郡、海南《かいなん》島に珠崖《しゅがい》郡・儋耳《たんじ》郡、北ヴェトナムに交趾《こうし》郡・九真《きゅうしん》郡の九郡をおいた。これで南シナ海からインド洋に通じるルートが開けた。翌年、福建《ふっけん》省の東越《とうえつ》王国（閩越《びんえつ》王国の後身）をも征服し、その住民を内地に移した。

残るは東方の、韓半島から日本列島に通じるルートだけである。武帝は前一一〇年、山東省の泰山《たいざん》に行幸して、天地を祀る封禅《ほうぜん》の秘儀を挙行した。それから、秦の始皇帝のように、海上の蓬萊《ほうらい》という神山を求めて数千人を船出させ、自分も海岸に沿って北上して、遼《りょう》西《せい》郡（遼寧《りょうねい》省の西部）にまでいたり、そこから北方の辺境をめぐって長安《ちょうあん》に帰った。次にくるものは朝鮮王国の征服である。

　漢軍は前一〇八年、陸海から進んで首都の王険城《おうけんじょう》（後の平壌）を占領し、朝鮮王国を滅ぼし、その地に楽浪郡《らくろう》、臨屯郡《りんとん》、玄菟郡《げんと》、真番郡《しんばん》の四郡をおいた。楽浪郡の司令部は朝鮮県（大同江の南岸、平壌の対岸）にあり、半島の西北部を管轄した。玄菟郡は、遼陽《りようよう》から白頭山《はくとうさん》の北麓を迂回して日本海に出る通路を守った。臨屯郡は半島の東岸に沿って細長く南北に伸びた。

　真番郡は十五県を管轄し、司令部は長安を去ること七千六百四十里の所にあるという。この距離からみると、真番郡の司令部は韓《かん》半島の南端の今の釜山《ふざん》付近にあり、日本列島への入り口をおさえていたようである。

　このときをもって、韓半島を縦断して日本列島に達する貿易ルートは、完全に漢が握ることになった。最初に日本列島との連絡業務を担当したのは最前線の真番郡だったが、武帝の死後、前八二年に真番郡は廃止され、その業務は楽浪郡が引き継いで、倭人《わ》（日本列島の原住民）との交渉の窓口になった。さらに後の三世紀には、そのもっと南方、今のソウル付近に設置された帯方郡《たいほう》で倭人との交渉が行なわれた。倭の邪馬台国《やばたいこく》の女王卑弥呼《ひみこ》が、魏《ぎ》の皇帝と交渉を行なった窓口も帯方郡である。倭人たちは、この交渉の過程で「郡《ぐん》」という言葉を覚えたのだった。この「郡」が、日本語の「くに」の語源である。

国力消耗、人口半減に陥った武帝の晩年

匈奴との戦争で活躍した大将軍衛青《えいせい》は、下賤の身分から武帝の皇后に据えられた衛子夫《えいしふ》の弟だった。同じく匈奴との戦争で名をあげた驃騎将軍霍去病《かくきょへい》も、衛皇后の姉の衛少児《えいしょうじ》の息子だった。

武帝には何人も皇后があった。最初の皇后は陳《ちん》氏だったが、嫉妬深くて夫婦仲が悪く、子どもができなかった。その間に、武帝は覇水《はすい》の川辺に禊《みそ》ぎにゆき、帰りに姉の平陽公主《へいようこうしゅ》の家に立ち寄った。そこで武帝は、姉の家の女中の衛媼《えいおう》の娘で、衛子夫という名の歌い手を見つけ、気に入った。そこで平陽公主は衛子夫を武帝に贈り、宮中に入れた。武帝は衛子夫を非常にかわいがり、衛子夫はほどなく妊娠した。陳皇后はこれを恨み、何度も自殺をはかった。武帝はますます感情を害した。こうして衛子夫は夫人に取り立てられた。

陳皇后はあせって楚服《そふく》という巫女《みこ》に相談し、鬼神を祭って呪詛《じゅそ》をかけた。呪詛はこの時代には重大な犯罪だった。前一三〇年、これが発覚して関係者三百人あまりが死刑になり、楚服はさらし首になった。陳皇后は位を失って離宮に追放された。

前一二八年、夫人の衛子夫は、ついに待望の男の子を産んだ。これが拠《きょ》である。二十九歳になるまで後継ぎがなかった武帝は大いに喜び、衛夫人を皇后に立てた。拠は七歳にな

った前一二二年、皇太子に立てられた。しかし、この皇太子が後に悲劇の主人公になるのである。

在位が長くなるにつれ、神のような絶対君主になった武帝の側近にはお世辞のうまい者どもばかりが集まり、皇帝の気に入らないことをいう人は遠ざけられるようになった。

暴走しがちな武帝をことあるたびに戒めていたのは、汲黯《きゅうあん》という人だけだった。汲黯は武帝が幼いころからついていた守り役で、武帝は彼の厳格と正直を大変尊敬し、この人の諫言《かんげん》だけはどんなに耳の痛いことでも聞き入れていた。しかし、汲黯が年をとって淮陽《わいよう》郡（河南省の淮陽県）の太守《たいしゅ》に転出し、前一一二年に死んだあとは、武帝のまわりにはお気に入りのごますり上手ばかりが集まるようになっていった。

ところで、後継者に指名された皇太子の周囲には、皇太子が皇帝になったときを見越して先物買いの人々が集まる。皇太子が次の皇帝に立つと先帝のまわりにいた人々が失脚するのは目に見えているため、現皇帝の側近のほうも、皇太子の勢力を押さえ込もうと躍起になる。

ついに前九二年、大事件が起こった。発端は、あるやくざの告発である。

衛皇后のいちばん上の姉の衛君孺《えいくんじゅ》は、丞相《じょうしょう》（総理大臣）の公孫賀《こうそんが》の夫人であった。このため公孫賀は武帝のお気に入りとなっていた。公孫賀の息子の公孫敬声《こうそんけいせい》は、父の後任として太僕《たいぼく》（皇帝の厩番《うまやばん》）になって、公金千五百万銭を使い込んだ。これが発覚して、公孫敬声は投獄された。父の公孫賀は、当時お尋ね者になっていた、やくざの大親分の朱安世《しゅあんせい》を逮捕して、息子の罪を償いたいと武帝に申し上げた。武帝はこれを許した。捕まった朱安世は、

「丞相さん、あんたの一族があぶないぜ」

とせせら笑い、獄中から武帝に手紙を送って、

「公孫敬声は、陛下の皇女の陽石公主《ようせきこうしゅ》とできております。そして陛下が甘泉宮《かんせんきゅう》にお出ましになるのを見計らって、巫《みこ》を使って、陛下のお通りになる道に人形を埋めて陛下を呪詛しており、けしからぬ言葉を使っております」

と告発した。調査の結果、その通りであることがわかり、公孫賀・敬声父子は獄中で死に、一家は全員死刑になった。また衛皇后が産んだ諸邑公主《しょゆうこうしゅ》と陽石公主の姉妹と、衛皇后の弟の息子の長平侯《ちょうへいこう》も、呪詛の罪に連座して死刑になった。

このとき武帝はすでに六十六歳の老齢で、衛皇后との仲も冷たくなっていた。ある日、武帝は昼寝をしていて、数千の木の人形が杖を振り上げて打ちかかってくる夢を見た。それ以来、武帝は体の具合が悪く、忘れっぽくなり、呪詛がかかっているのではないかと疑いはじめた。

江充《こうじゅう》という側近は、武帝に信用されて、皇帝の親戚や高官たちの不法行為の摘発に活躍した。その過程で、江充は皇太子と仲違いした。このままでは武帝の死後、皇太子に処刑される。江充はそこで、

「陛下の御病気は呪詛のせいでございます」

と武帝に申し上げた。武帝は江充に呪詛の摘発をまかせた。江充は匈奴人の巫を使って、地面を掘り返しては人形をみつけ、そこの人を逮捕して残酷な拷問にかけ、呪詛を自白させた。捜索は首都の長安から全国にひろがり、連座して死刑になった人は何万人にものぼった。

ついで江充は捜査を宮中にまでひろげ、皇帝の玉座をこわしてその下の地面を掘り返すほどの徹底ぶりだった。それから、武帝のお気に入りの夫人たちの部屋から皇后や皇太子の宮殿の中まで地面を掘り返したので、皇后も皇太子もベッドを置く場所もないほどだった。江充は、

「皇太子の宮殿の中で、いちばんたくさん人形が見つかった。絹にけしからぬことを書いた文書もあった。陛下に申し上げなければならぬ」

といった。皇太子は、人形は自分が埋めたのではないと釈明しようとして武帝が滞在している甘泉宮に行こうとしたが、江充が行かせてくれない。

追いつめられた皇太子は、側近とともにクーデターを起こして江充を斬り殺し、皇后に連絡して近衛兵《このえへい》を動員した。

皇太子が反乱を起こしたと聞いて武帝は大いに怒り、甘泉宮から長安に帰ってきて、近県の兵士を動員した。皇太子軍と皇帝軍は長安の市内で五日間にわたり市街戦を繰り広げた。死者は何万人にものぼった。結局、皇太子軍は総崩れとなり、皇太子は長安の城外に逃亡した。衛皇后は自殺した。皇太子は、かねて知り合いの草履づくりの貧乏人の家に身を隠していたが、見つけだされ、逮捕の寸前に首をくくって死んだ。これで武帝の後継者はいなくなった。

武帝には何人もの愛人があったが、その一人の鉤弋《こうよく》夫人は弗陵《ふつりよう》という男の子を産んだ。皇太子拠《きよ》の悲劇のとき弗陵はすでに四歳で、体が大きく、頭もよかった。武帝は弗陵が気に入り、皇太子に立てたいと思ったが、まだ幼いし、母の鉤弋夫人もまだ若い。

ある日、武帝は鉤弋夫人をきびしく叱った。夫人は額を地に打ちつけて命乞いをしたが、武帝は、

「引っ立てていって宮中の獄に入れよ」

と命じた。夫人は引っ立てられながら、振り返って武帝を見た。武帝は言った。

「さっさと行け。お前は生かしておけない」

こうして鉤弋夫人は獄中で自殺させられた。

しばらくして、武帝は側近に問うた。

「世間では何と言っておるか」

「もうすぐ皇太子に立てようというのに、何だってその母を除くのだろう、と言っております」

「そうか。お前ら頭の悪い者にはわからぬ。昔から政治が乱れるのは、君主が若くてその母が元気だからだ。夫をなくした女が実権を握れば、思い上がってろくなことはせず、誰にも頭をおさえられなくなる。だから先に除かないわけにはゆかないのだ」

しばらくして武帝は病気が重くなり、臨終の床で八歳の弗陵を皇太子に立て、大将軍霍《かく》光《こう》（霍去病の異母弟）に後見を命じ、その二日後に亡くなった。西暦紀元前八七年のことで、七十一歳であった。

その翌日、皇太子弗陵が即位して皇帝となった。これが第八代昭帝《しょうてい》である。

班固《はんこ》という一世紀の歴史家は、『漢書《かんじょ》』の「昭帝紀《しょうていき》」の後書きで、昭帝の即位の当初の漢の社会について、

「（昭帝が位を）継いだのは、武帝がぜいたくと戦争にふけった後で、国力は消耗し、人口は半分に減っていた」

と言っている。人口が半減とは、まことに容易ならぬ事態である。もって武帝の個性がどれほど深刻な影響を中国全体に与えたかがわかる。

第2章

唐の太宗李世民——

非中国人を皇帝に迎えた「第二の中国」

鮮卑出身の皇帝の出現

唐《とう》の第二代皇帝・太宗李世民《たいそうりせいみん》は、六世紀の末に生まれ、七世紀の半ばまで生きた人である。

この時代、中国は三百年もの長きにわたった南北分裂のあと、一度は隋《ずい》によって再統一されていたが、その統一も三十年足らずで崩壊し、中国は大混乱におちいっていた。その混乱に乗じて立ち上がったのが、太宗の父の、唐の高祖李淵《こうそりえん》である。太宗は実力で父に代わって皇帝となり、中国の統一を再建した。太宗はまた、北アジアから中央アジアにかけて唐の勢力をめざましく伸ばした。そういう業績のために、もっとも偉大な皇帝の一人とされる。

太宗が高く評価されるのは、政治的な成功にとどまらない。太宗はむしろ、名君として後世に有名である。その治世は当時の年号をとって「貞観《じょうがん》の治《ち》」と称えられ、優秀な臣下を多く使い、皇帝に仕える官僚にとって、これ以上に理想的な名君はいなかったといわれる。

しかし、この理想像は実は眉唾ものである。実際の太宗は気が荒くて衝動的な行動に出ることが多かったが、いさめを受けると、あわててそれを引っ込めるということの繰り返しだった。創業の君主としては必要な資質でもあるが、相当に気性が激しい人だったといえる。

ではなぜ、理想的な名君といわれたのか。一つには、太宗は唐朝三百年の歴代皇帝のなかでもっとも初期の君主だったため、時代を経るにしたがって神格化されていったからである。

中国の歴史を調べると気がつくことだが、王朝の初期の皇帝については史料が少ない。王朝が二百年、三百年と続く間に、創業時代の君主について好ましくない事実はタブーとなり、本当のことを史料に書けなくなったり、書いても残らなくなったりする。都合の悪い記述が残っていても、後世の人が災難を恐れて破棄してしまったのだろう。

太宗についても、史料にあからさまに書いてない事実がある。それは太宗が鮮卑《せんぴ》という、中国人（漢人）でない種族出身の皇帝だったことである。

それでは、中国人でない皇帝が、なぜ中国に出現したのか。

秦の始皇帝と漢の武帝の時代に皇帝制度が最初に確立してから、隋・唐の時代に再建されるまでの間に、中国世界には想像を絶する大きな変化があった。その変化が、鮮卑出身の皇帝が出現する原因になったのである。

華北大争乱の中で浸透した遊牧民族

都市文明の民である漢人、今で言う中国人は、秦・漢の時代にはじめて形をとった。前章で述べたように、前漢の武帝の五十四年の治世の間に漢人の人口は半分に減ったといわれるが、武帝の後を継いだ皇帝たちが積極政策をひかえて民の休養につとめたおかげで、漢の国力は順調に回復し、西暦二年の統計では漢の総人口は五千九百五十九万四千九百七十八人、約六千万人弱という盛況が出現した。この数字は記録に残る最古の人口統計である。

武帝の悲劇の皇太子拠《きょ》の曾孫が前漢の第十一代皇帝・元帝《げんてい》で、その皇后を王氏《おうし》といった。王皇后の甥の王莽《おうもう》は、西暦八年、前漢の帝位を乗っ取って「新《しん》」という新しい王朝をはじめた。しかし王莽は儒教の神秘的な理論を盲信して非現実的な政策を強行し、匈奴をはじめとする諸外国との関係をそこない、国内の治安を悪化させてしまう。結局、王莽は反乱軍に敗れて、西暦二三年にほろびた。ここまでの混乱で人口は半分に減った。

混乱はなおも十四年もつづき、この間に、人口はさらに半分に減った。結局、劉秀《りゅうしゅう》という皇帝が西暦三七年に統一を回復して後漢《ごかん》朝を建てたときには、もとの人口の十分の二しか生き残っていなかったといわれる。六千万人弱の十分の二では、たった千数百万人という、すさまじい人口激減である。

この劉秀が後漢の光武帝《こうぶてい》である。光武帝が国内を統一してからは後漢の人口は順調に回復し、二世紀の半ばには五千六百万人台に達した。ところがこの世紀の末になって、みたび人口の大変動が起こった。そのきっかけになったのが、一八四年の「黄巾《こうきん》の乱」である。

黄巾の乱は後漢の全国にわたって同時に決起した大反乱で、これを起こしたのは、世界の終末と救世主の降臨が近づいたと信じた「太平道《たいへいどう》」という宗教秘密結社だった。かれらは黄色い頭巾を目印にしたところから「黄巾の賊」とも言う。この黄巾の乱自体は、後漢の政府軍によって間もなく鎮圧されたが、その後遺症で、こんどは一八九年、政府軍をひきいる将軍たちの間で「董卓《とうたく》の乱」と呼ばれる内戦、権力争奪戦が勃発した。この内戦で後漢の首都の洛陽《らくよう》は荒れ果て、皇帝の権威は地に落ちた。それ以上に重大だったのが、戦乱と飢饉のために、漢人の人口が全国でたった四百万人台にまで激減したことである。

後漢朝は間もなく滅亡して（二二〇年）、北方の黄河中・下流域の魏《ぎ》（首都は河南《かなん》省の洛陽）、東南方の長江中・下流域の呉《ご》（首都は湖北《こほく》省の武昌《ぶしょう》＝武漢《ぶかん》、のち江蘇《こうそ》省の建業《けんぎょう》＝南京《ナンキン》）、西南方の長江上流域の蜀《しょく》（首都は四川《しせん》省の成都《せいと》）の三国に分裂する、いわゆる三国時代である。

この分裂が六十年間も続いたのは、三国とも人口が極端に少なくなっていて、戦争を長期間つづける力がなかったからである。

人手不足を補うために、三国はそれぞれ辺境での異種族狩りを熱心に行なった。蜀の諸《しょ》葛亮《かつりょう》（諸葛孔明）は雲南《うんなん》省に侵入して人間狩りをした。小説『三国志演義《さんごくしえんぎ》』で有名な「孟獲《もうかく》の七擒七縦《しちきんしちしょう》」の故事は、このときのことである。呉の孫権《そんけん》は、台湾に艦隊を派遣して数千人を捕らえて連れ帰っている。さらにもっと大規模に人間狩りを実行したのが、魏王曹操《そうそう》である。

　これより先、西暦四八年、匈奴《きょうど》はゴビ砂漠をはさんで南北に分裂し、南匈奴は後漢の光武帝と同盟して、今の内モンゴル自治区の西部に本拠を移した。一世紀の末になって、南匈奴と後漢は連合して北匈奴を攻撃し、敗れた北匈奴の単于《ぜんう》はアルタイ山脈を越えて中央

三国時代王朝図

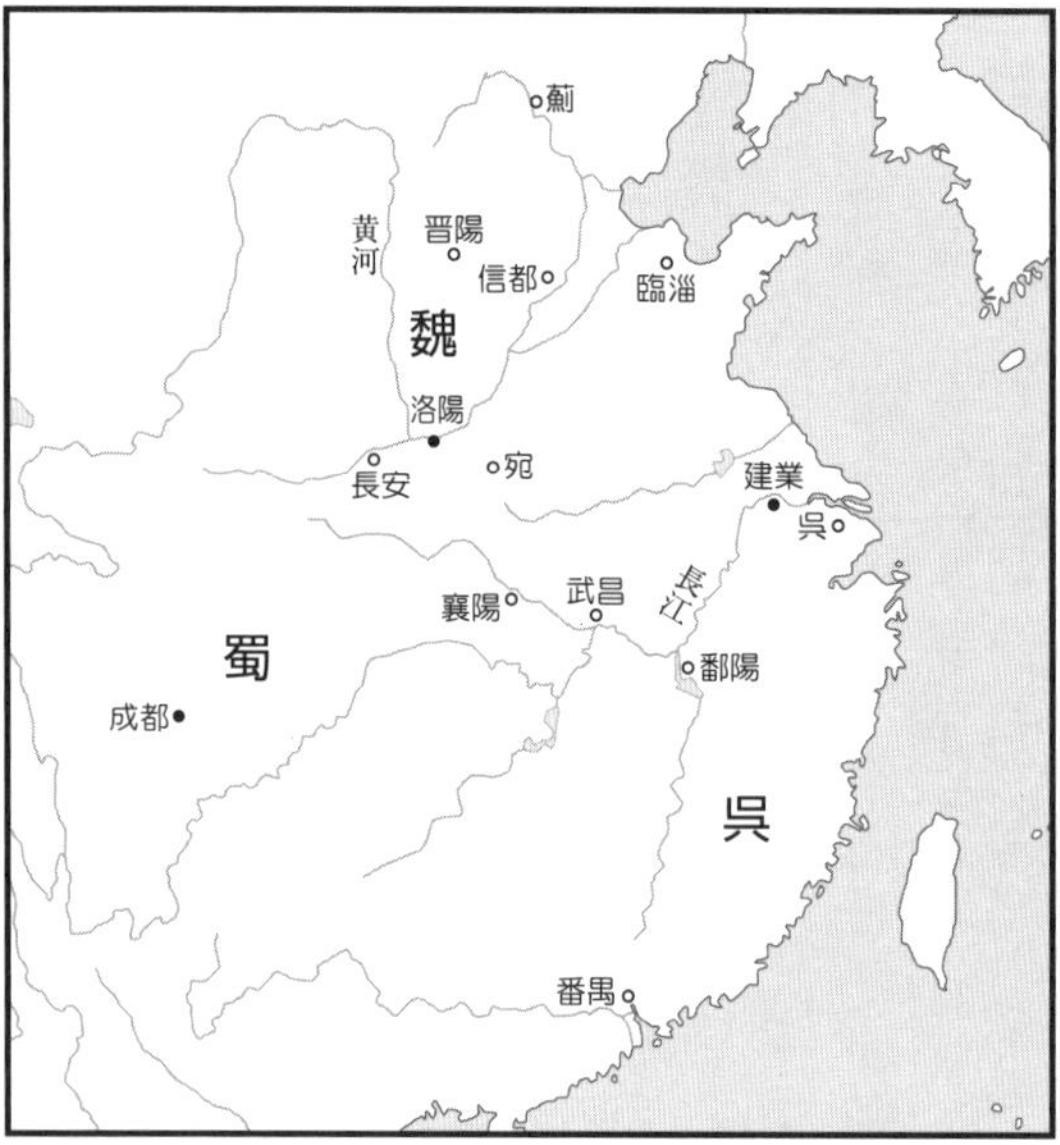

アジア方面に姿を消した。その後、四世紀の後半になって、北匈奴はフン人と呼ばれて黒《こっ》海《かい》の北の草原に姿を現し、ゲルマン人の諸部族の大移動を引き起こして、西ローマ帝国が五世紀に滅亡する原因をつくった。

北匈奴が明け渡したゴビ砂漠の北には、東方の大興安嶺《だいこうあんれい》山脈の北部の方面から、鮮卑《せんぴ》という別の遊牧民が侵入して占拠した。大興安嶺山脈の南部には、鮮卑と近縁の烏丸《うがん》（烏桓）という遊牧民がいて、こちらは今の内モンゴル自治区の東部にひろがった。

魏王曹操は、まず内モンゴル西部の南匈奴を支配下に入れ、山西省《さんせい》の高原に移住させて自分の私兵に改編した。ついで内モンゴル東部の烏丸を征服し、烏丸の騎兵隊は曹操の部下の最精鋭部隊となった。

こうして多数の遊牧民が辺境から連れてこられて、中国の内地に定住させられた。

その後、二八〇年になって、晋《しん》の武帝司馬炎《ぶていしばえん》が中国の統一を実現したが、このときの漢人の総人口は、まだ千六百十六万三千八百六十三人しかなかった。しかもわずか二十年後には、「八王《はちおう》の乱」という晋王朝一族の内戦が起こって、せっかくの晋の統一は崩壊した。

この混乱につけこんで、匈奴の劉淵《りゅうえん》という指導者が三〇四年に独立を宣言し、他の内地に移住させられていた遊牧民もこれにならって、われもわれもと反乱を起こして、それぞれ王国を建てた。これが「五胡十六国《ごこじゅうろっこく》の乱」である。五胡とは匈奴・鮮卑・氐《てい》・羌《きょう》・羯《けつ》の五つの非漢人民族、すなわち胡《こ》族をさしていう。五胡十六国の乱は百三十五年間も続き、華北《かほく》の中原《ちゅうげん》の地はまったく遊牧民の天下になってしまった。わずかに生き残った漢人は長《ちょう》江《こう》の南の非漢人地帯に避難し、武漢《ぶかん》を中心とする長江中流域と南京《ナンキン》を中心とする長江下流域に集結して、南朝と呼ばれる亡命政権をつくった。

ようやく四三九年になって、鮮卑の拓跋《たくばつ》氏族が平城《へいじょう》（山西省の大同市）に建てた北魏《ほくぎ》朝（三国時代の魏とは別して言う）が華北を統一した。北魏は華中の南朝と対立して、ここに南北朝時代がはじまり、百五十年間つづくことになる。唐の太宗の祖先の系図は、この北魏の華北統一の時代にまでさかのぼるのである。

唐の帝室を漢人と偽る史料

唐の太宗は五九八年一月二十三日、陝西省武功県にあった父の別荘で生まれた。姓は李《り》、名は世民《せいみん》という。父は唐を建てた高祖李淵《こうそりゆうえん》で、太宗はその次男だった。李氏という姓は見かけは漢人のようだが、実は漢人ではない。

唐の歴史の根本史料には、『旧唐書《くとうじょ》』と『新唐書《しんとうじょ》』の二つがある。『旧唐書』は、唐が滅びたあと、五代《ごだい》の後晋《こうしん》という王朝で編纂され、九四五年に完成した正史である。唐の時代からあとの中国では、歴代の皇帝が亡くなると同時に、その皇帝の「実録」や「本紀」を編纂《へんさん》した。こうしてたまっていた唐代の史料をまとめて表紙をつけかえたのが、『旧唐書』である。それがあまりに量が多くて整理が悪いというので、北宋《ほくそう》の時代にもう一度、原史料にあたって編纂し直して、一〇六〇年に完成したのが『新唐書』である。

そのどちらを見ても、唐の高祖の姓は李氏、李氏の始祖は李玄盛《りげんせい》といい、隴西郡《ろうせい》（今の甘粛省）の人で、五胡十六国の乱の際に敦煌《とんこう》に拠って独立して、後に酒泉《しゅせん》（甘粛省酒泉県）に移り、死後、涼《りょう》の武昭王《ぶしょうおう》と呼ばれた。李淵はその七代の孫だという。これで見ると、李氏は漢人のように見えるが、これは作り話のにせ系図である。

さらに、太宗の息子の第三代・高宗《こうそう》皇帝の時代には、唐の帝室の李氏は老子《ろうし》の子孫だという神話が作られた。老子は『道徳経《どうとくきょう》』の著者とされる哲学者で、のちに道教の教祖だということになった。司馬遷《しばせん》の『史記』によると、老子の姓は李、名は耳《じ》という。

老子が唐の帝室の祖先だというのは姓が同じためのこじつけだが、高宗は、老子を神として祭って、玄元《げんげん》皇帝という称号まで捧げている。

さて話を戻して、北魏は、鮮卑の拓跋《たくばつ》氏族が中心になって、平城《へいじょう》（山西省大同市）に建てた遊牧民の国である。四三九年に五胡十六国の乱を収めて華北を統一したのは、北魏の太《たい》武帝《ぶてい》という皇帝であった。太武帝は四五〇年、平城から軍を率いて南下して南朝の宋《そう》に攻め込み、河南《かなん》省で激しい戦闘が起こった。『宋書《そうじょ》』という南朝の正史によると、この戦争で、北魏軍の李初古抜《りしょこばつ》という将軍の父子が宋軍の捕虜になり、また李初古抜の息子の李売得《りばいとく》が戦死した。李売得は北魏の皇族の永昌王《えいしょうおう》の副官で、鮮卑の中で随一の勇将といわれた人だった。永昌王は李売得が殺されたと聞いて、左右の手を失ったように落胆した。後に和議が成立して、李初古抜父子は北魏に帰ることができた、という。

この李初古抜が唐の帝室の始祖である。初古抜は鮮卑人に普通な名前で、鮮卑語だろう。李初古跋の息子の李売得の墓は河北省の隆堯《りゅうぎょう》県にあったから、李氏はここに定住した鮮卑人だったらしい。唐の公式の系図では、李初古抜は李重耳《りちょうじ》、李売得は李熙《りき》という漢人風の名前で呼ばれている。

遊牧民が漢化を推進した真実の理由

北魏の太武帝が華北を統一してから三十年あまりが経って、その曾孫の孝文帝《こうぶんてい》が即位した。この孝文帝は四九四年、北魏の首都を平城（大同）から洛陽《らくよう》に移し、中原に本拠を構えたことで有名である。

遷都と同時に、孝文帝は遊牧民の服装を禁止し、また朝廷で遊牧民の部族語を話すことを禁止して、漢人の服装と漢語の使用を強制した。

孝文帝のこの措置を、中国人の歴史家は、「野蛮な遊牧民が中国に入ると、高度な中国文明に圧倒されて自分たちの未開野蛮を恥じ、中国人に同化したがるのだ」と解釈する。
しかし、これは中国人＝漢族が世界一優秀な民族だという、中華思想の思い上がりである。五世紀の時代の華北は漢人の人口の激減のあとで荒れ果てており、わずかに生き残った漢人の文化も見る影もなかった。圧倒されようにも、同化されようにも、当の中国文明そのものがどこにも見当たらなかったのである。

では、なぜ孝文帝は自分たち遊牧民の漢化、中国化を推し進めようとしたのか。それには、二つの理由があった。

一つは、北魏の中核を構成する遊牧民たちの出自部族がバラバラだったことである。かれらは同じ

南北朝時代王朝図①

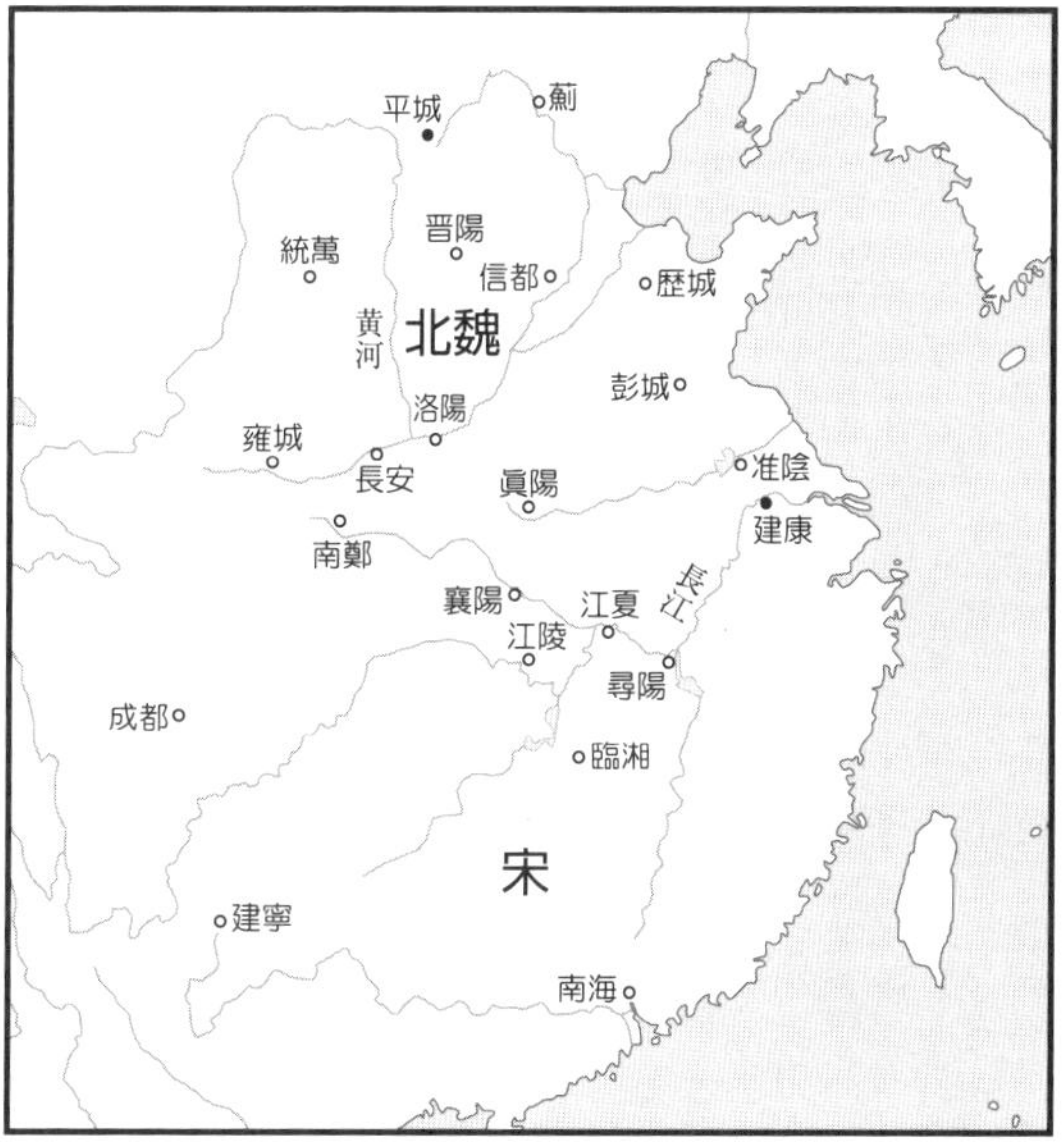

遊牧民とはいっても、部族によって話す言葉がちがい、共通な言葉がなかった。さらに、五世紀の当時には東アジアで文字といえば漢字しかなかった。漢字は特定のどの言葉を書き表した文字でもないため、話し言葉がちがう人々の間のコミュニケーションに適している。しかも漢人が話す言葉は漢字を音読した単語が多いので、漢文に翻訳するのにはほかの言葉よりも便利である。さらに漢人の言葉は北魏の支配階級のどの部族にとっても母語ではないため、公用語に採用しても不公平ではなかった。

もう一つの洛陽への遷都は、遊牧民特有の部族社会と縁を切るのが目的だった。

遊牧民の政権は、政権を支えるのが部族と部族の連合体であるため、君主が命令を直接下せるのは自分の部族だけである。

また、遊牧民の間では、君主は選挙制だった。

遊牧民の政治は実力主義で、定住民のように長男が父の位を継ぐとは決まってはいない。兄弟のなかで長男がいちばん有能とは限らないからである。あるいは君主が生前に自分の後継者を指名していても、死後にその指名が尊重されるとは限らなかった。君主の後継者選びは、諸部族の代表者たちが集まった大会議で、選挙によって行なわれた。先代の君主の男系の子孫なら誰でも後継者の候補になれた。

こうした制度は、遊牧民の出身である北魏の皇帝の場合も同じだった。選挙制の皇帝は絶対的な権力はもてない。自分の権力の基盤は部族の連合だから、他の部族の同意がなければ命令を下せないからである。

南北朝時代王朝図②

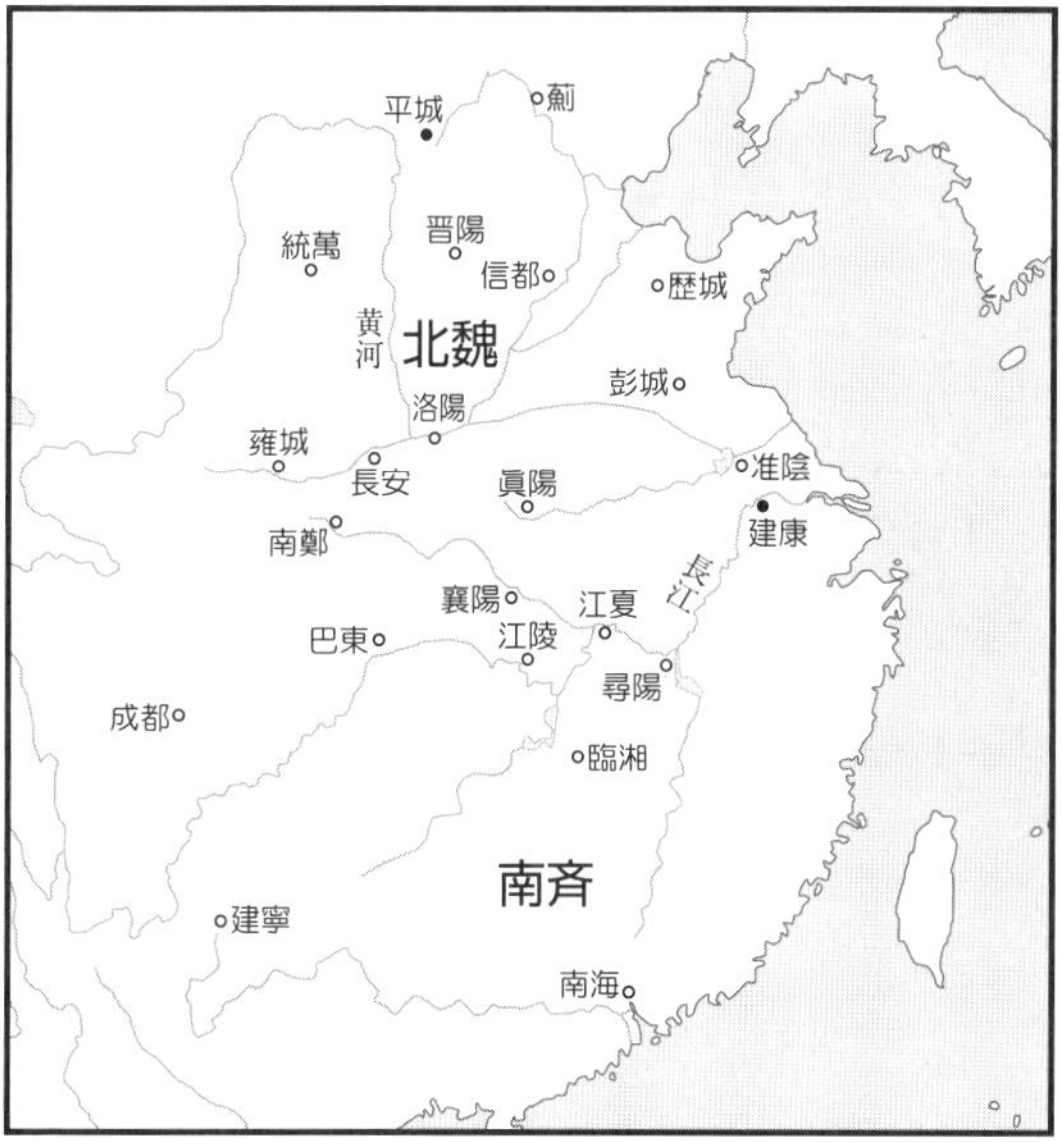

　こうした制約は、皇帝にとってきわめて不本意なものだった。いちいち他部族に相談しなければならないのでは、ものごとはなかなか決まらないし、思いどおりにことを運ぶこともできない。それでも名前は皇帝だから、秦・漢の皇帝のように、天下に対して指導力を行使したい。そうしなければ、だいいち、漢人の南朝を征服して天下を統一することなど、及びもつかない。

　皇帝の権力を伸ばすには、遊牧民の部族制社会を解体し、皇帝と一人一人の臣下との個人的な結びつきを強める必要があった。平城は北魏の古い都で、その周囲の大同盆地は遊牧部族の中心地だった。孝文帝の洛陽遷都は、部族制の社会を解体するために打った手であった。

孝文帝は、洛陽に新たに建設した都城のなかでは同じ部族の出身者同士がかたまって住むことを禁じ、朝廷の役職に従って分かれて住むよう命じた。

これは現代のシンガポールの住宅政策に似ている。多民族国家のシンガポールは、個人の住宅を壊して高層集団住宅を新築し、核家族単位での入居を法律で定めた。親族や同民族が隣り合って同じ階を占拠することは禁止されている。そのため、広東人《カントン》の右隣はインド人、左隣はマレー人、向かいは福建人《ふっけん》という具合になっている。これは種族ごとの差別を打ち破り、おたがい同じシンガポール人という国民意識をつくりだすことを目的にしている。

そういえば、言語政策でも、北魏の孝文帝と現代のシンガポールはよく似ている。シンガポールの公用語は多数民族の中国人の中国語でもなく、マレー人のマレー語でもなく、インド人のタミル語でもない。公用語は英語で、国民の誰の母語でもないから公平だし、世界中で通用するから便利なのである。

隋・唐の基盤をつくった鮮卑人・漢人の連合体

さらに北魏の孝文帝は、漢人を遊牧民の社会に取り込むため、それまで姓のなかった遊牧民に、部族名を漢字一字か二字に翻訳して姓として使わせた。帝室の拓跋氏は元《げん》氏と改められた。さらに漢人の有力者の家を特に指定して遊牧民の貴族と同格に扱い、遊牧民と漢人の結婚を奨励した。

ところが、これらの政策が裏目に出た。

孝文帝が洛陽に都を移したあと、北魏のもとの本拠の内モンゴルには、六鎮《りくちん》といって、遊牧民で編成された六個軍団が駐屯して、ゴビ砂漠方面の辺境の警備を担当していた。六鎮の人々にしてみれば、洛陽に移った連中は皇帝の側近として栄耀栄華をほしいままにしているのに、自分たちは辺境に取り残されて田舎者と見下され、うまい話にもありつけない。あまりにも不公平だ。

孝文帝の死から二十四年が経った五二三年、ついに不満が爆発し、六鎮の遊牧民が反乱を起こした。これを「六鎮の乱」という。反乱は五年もつづいたが、決着がつかない。そのうちに五二八年になって、晋陽《しんよう》（山西省太原《たいげん》市）の司令官の爾朱栄《じしゆえい》が兵を起こして洛陽に入城し、実力者の皇太后と幼い皇帝を黄河に投げ込んで殺し、廷臣二千人あまりを虐殺した。これを「爾朱栄の乱」という。この爾朱栄の乱で、北魏の命脈は事実上尽きた。

五三四年、北魏は東西に分裂し、東魏《とうぎ》では高歓《こうかん》、西魏《せいぎ》では宇文泰《うぶんたい》がそれぞれ実権を握った。中国の公式の史料には高歓は漢人のように書いてあるが、それは怪しい。反乱を起こした遊牧民の六鎮の人たちはほとんどが高歓の側につき、ごく一部が長安《ちょうあん》（西《せい》安《あん》）に移った宇文泰についたからである。

南北朝時代王朝図③

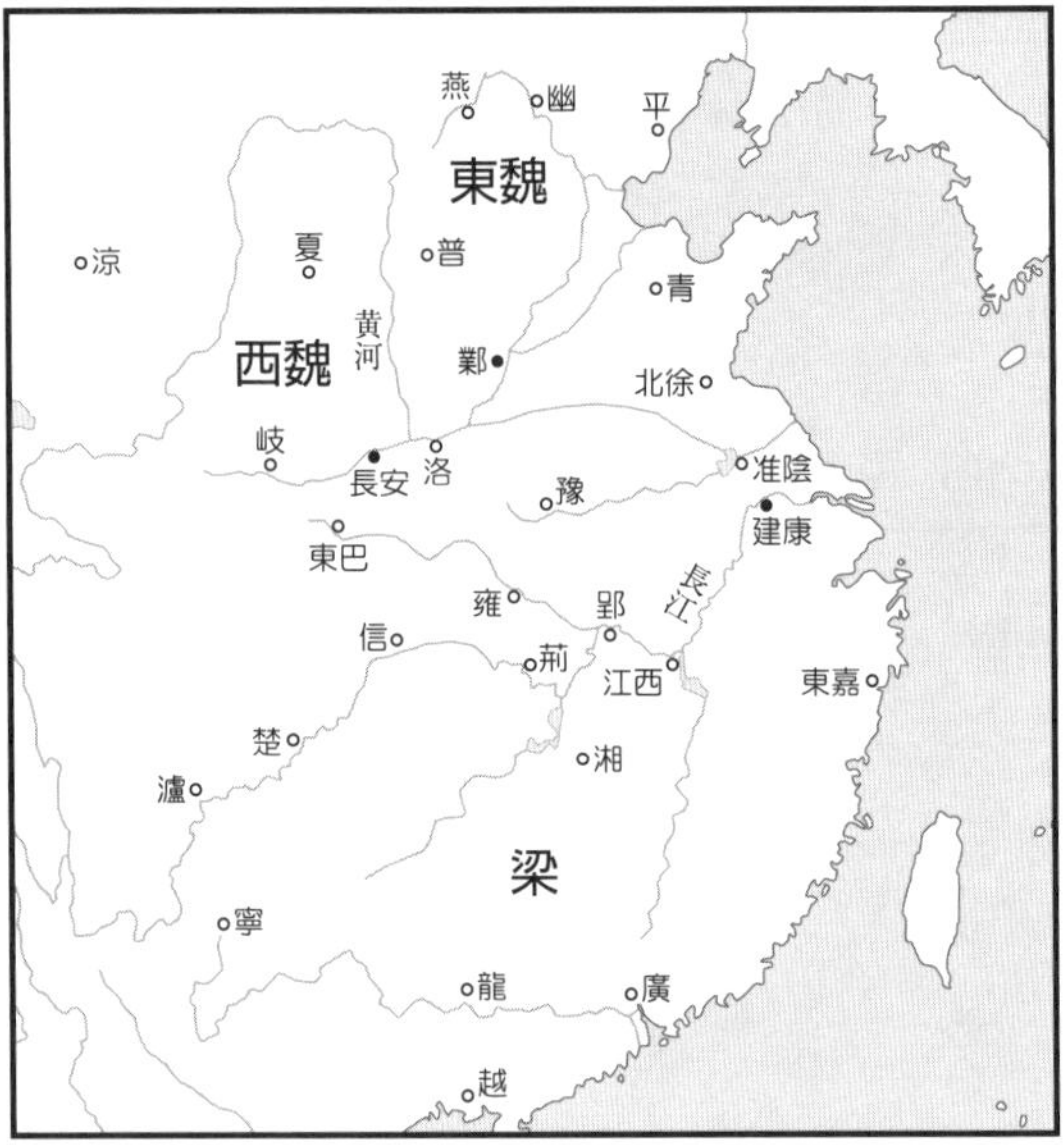

　宇文泰の宇文は鮮卑の拓跋氏と同時に起こった部族の名前であって、高歓と同様、宇文泰も漢人ではなかった。

　当初、圧倒的に東魏の高歓の側が優勢だった。それに対抗するため、西魏の宇文泰は自分に従っている鮮卑と漢人の軍人たちを、遊牧民の伝説の三十六部族、九十九氏族に再編成した。そして、漢人には鮮卑の姓を与え、漢人は鮮卑人と、鮮卑人は漢人と結婚するよう命令した。また、このとき自分に従って長安に移った有力者には、新しく系図をつくって与えた。その系図では、陝西《せんせい》省と甘粛《かんしゅく》省のどこかが出身地ということになっていた。唐の帝室の李氏が隴西《ろうせい》（甘粛省）の出身で、涼《りょう》の武昭王《ぶしょうおう》李玄盛《りげんせい》の後裔だというにせ系図は、このときにつくられたものである。

この宇文泰の改革のため、その後の漢文の公式記録に出てくる貴族たちの出身地は、あてにならない。新しい系図をつくる以前はどこだったかわからないからである。

宇文泰は、楊忠《ようちゅう》という人に普六茹《ふりくじょ》という姓を与えた。この普六茹忠（楊忠）の息子が、のちに隋を建てて文帝《ぶんてい》になる普六茹堅（楊堅）である。

また宇文泰は、李虎《りこ》という人に大野《たいや》という姓を与えた。この大野虎《たいやこ》（李虎）は、さきに言った李売得（李熙）の孫であり、すなわち唐を建てた高祖李淵の祖父、太宗李世民の曾祖父にあたる。

こうした漢姓と鮮卑姓は、どちらを使ってもよかった。そのため、簡潔に書きたいときは漢名を使い、正式に名乗るときは鮮卑名を名乗った。宇文泰、李虎、元欣《げんきん》、李弼《りひつ》、独孤《どっこ》信《しん》、趙貴《ちょうき》、于謹《うきん》、侯莫陳崇《こうばくちんすう》の八人の大貴族は、それぞれ柱国大将軍《ちゅうこくだいしょうぐん》の称号を名乗り、「八《はち》柱国《ちゅうこく》」と呼ばれて、西魏《せいぎ》政権の中核になった。こうして鮮卑人と鮮卑化した漢人の連合体が陝西省・甘粛省にできあがったが、この連合体が、その後の北周・隋・唐の政権の基盤になるのである。

南北朝時代王朝図④

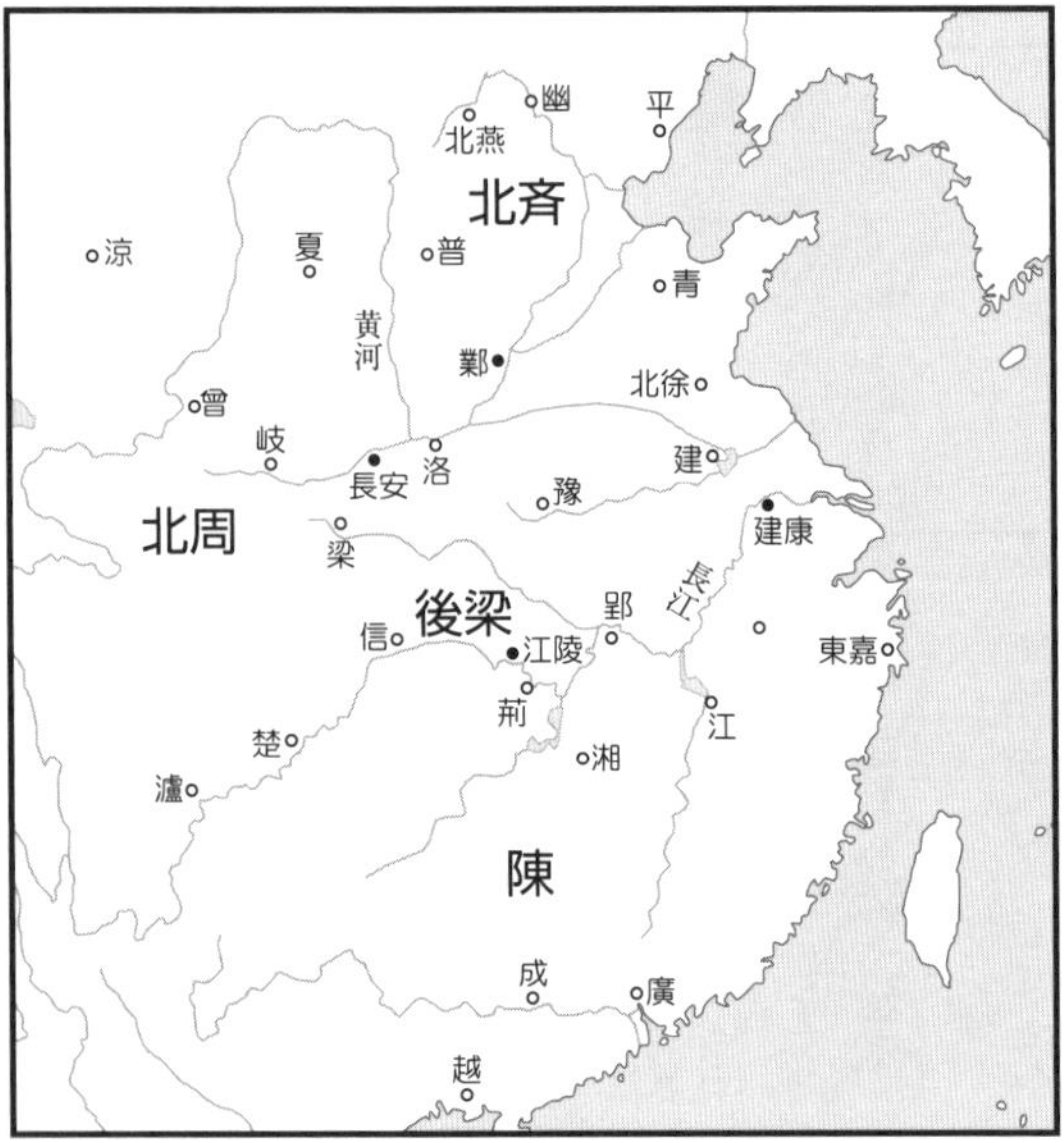

その後、東魏では、高歓の息子の高洋《こうよう》が五五〇年に皇帝になって北斉《ほくせい》朝をはじめた。西魏でも、宇文泰の息子の宇文覚《うぶんかく》が五五七年に皇帝になって北周《ほくしゅう》朝をはじめた。その二十年後、北周は北斉をほろぼして華北を統一したが、わずか四年後の五八一年に、楊堅《ようけん》が北周を乗っ取って皇帝となり、隋《ずい》朝を建てた。これが隋の文帝である。

さらにその八年後、五八九年に、隋の文帝は南朝の陳《ちん》をほろぼして天下を統一した。五胡十六国の乱から二百八十五年で、遊牧民の政権が中国全土を支配するようになったのである。

胡漢混交の「新しい中国人」の誕生

こうして秦・漢の時代からの古い中国は消え失せ、新しい隋・唐の時代の中国が出現した。

隋・唐の新しい中国人の主流は、北アジアから入ってきた遊牧民だった。隋・唐の文化が秦・漢の古い文化と断絶していたことは、漢字を読む音が変化したことからもわかる。

古い時代の漢字の音がどんなものだったかは、後漢《ごかん》の時代にはじまった仏教の経典の翻訳から見当がつく。たとえば、インドのサンスクリット語で「清浄」という意味の brahma は、漢字では「梵」と音訳される。これで「梵」を bram と読んだことがわかる。このように、音節の頭には二重子音もあった。ところが隋の天下統一の直後、六〇一年に陸法言《りくほうげん》という鮮卑人が編纂した『切韻《せついん》』という、漢字を発音別に分類した字典があるが、この『切韻』では、こうした二重子音はすっかりなくなって、音が単純になっている。またRではじまる音も『切韻』ではなくなって、Lに変わっている。

こうした変化がなぜ起こったかというと、遊牧民が話していた言葉のせいである。北アジアのアルタイ語族の言葉（トルコ語、モンゴル語、満洲＝トゥングース語）では、語頭に二重子音はないし、また語頭のRは発音できない。つまり六世紀、七世紀に漢字を学んだ中国人は、実は遊牧民の出身で、字音をアルタイ語族のなまりで発音していたことがわかる。

この『切韻』に記録された漢字音が、その後、現代にいたるまでのあらゆる方言の出発点になった。つまり、秦・漢の中国人は二世紀の末にほとんど絶滅したので、隋・唐の中国人はもはやその子孫ではなかったわけである。

唐の帝室の祖先は、代々鮮卑の女性と結婚した。李虎の妻は梁《りよう》氏で、字面からは一見、漢《かん》人のように見えるが、梁氏は本来、鮮卑の抜列《ばつれつ》氏である。梁氏が産んだ李虎の息子は李《り》昞《へい》。李昞の妻は独孤《どつこ》氏、八柱国の一人の独孤信の娘で、李淵《りえん》を産んだ。李淵はすなわち唐の高祖《こうそ》である。

李淵の母の独孤氏は、隋の文帝の独孤皇后の妹だったため、李淵は文帝に特に目をかけられた。

李淵の妻は竇《とう》氏で、太宗李世民を産んだ。竇氏も一見、漢人の姓のように見えるが、紇《こつ》豆陵《とうりよう》という鮮卑の姓を略したものである。太宗の皇后は長孫《ちようそん》氏というが、これはもとは抜《ばつ》抜《ばつ》氏で、北魏の帝室の拓跋氏から分かれた鮮卑の姓である。

李虎は死後、唐国公《とうこくこう》という称号を贈られ、李昞、李淵はこれを世襲していた。李氏の故郷の河北省には、神話の帝堯《ぎょう》の都がここにあったという伝説がある。帝堯は陶唐氏《とうとう》とも呼ばれた。唐国公の「唐」は、この伝説から出た地名である。

国書を送ったのは聖徳太子ではない

ところで、太宗が生まれた翌々年、六〇〇年に、東方の海のかなたから阿毎《あま》・多利思比《たらしひ》孤《こ》・阿輩鶏彌《おおきみ》（天足彦大王）という名前の倭王の使節がやってきて、隋の都の大興《だいこう》（西安《せいあん》）を訪問した。ところが不思議なことに、『日本書紀《にほんしょき》』では、この時期には女帝の推古《すいこ》天皇が位にあり、聖徳太子《しょうとくたいし》が摂政していたことになっている。

『隋書《ずいしょ》』の「倭国伝《わこくでん》」によれば、阿毎・多利思比孤・阿輩鶏彌は明らかに男の王で、しかも妻と太子があり、妻は鶏彌《きみ》と号し、太子は利歌彌多弗利《りかみたふつり》と名づけると言っている。これは推古天皇でも、聖徳太子でもあり得ない。

さらに、太宗が十一歳になった六〇八年には、倭王多利思比孤の使節がふたたび隋に朝貢した。このときに持ってきた国書が、有名な「日出《い》づる処《ところ》の天子、書を日没《ぼっ》する処の天子に致す。恙《つつが》無きや、云々」というものである。隋の煬帝はこれを覧て悦ばず、鴻臚卿《こうろけい》（外務省儀典課長に相当する役職）に、

「蛮夷の書に無礼なるものがあれば、復《ま》た以《も》って聞《ぶん》するなかれ」

もう取り次がなくてよい、と言ったという。

この国書は、日本史では聖徳太子が送った国書ということになっているが、これは嘘である。送ったのは太子ではなくて、男の倭王である。しかも『日本書紀』には、こんな国書は載っていない。

それに、『日本書紀』では、小野臣妹子《おののおみいもこ》が中国に派遣されたのは推古《すいこ》天皇の十五年（六〇七年）、小野臣妹子が中国の大使裴世清《はいせいせい》を伴って帰国したのは翌年の十六年（六〇八年）、裴世清を送っていった小野臣妹子が帰国したのは十七年（六〇九年）ということになっている。実はこの年代は一年ずつ誤っている。

『隋書』の「煬帝紀《ようだいき》」によると、倭国が使いを遣わして朝貢したのは大業四年（六〇八年）の三月、つぎに朝貢したのは大業六年（六一〇年）の正月のことである。たしかに「倭国伝」には「大業三年（六〇七年）、その王多利思比孤が使いを遣わして朝貢した」と書いてあるが、この「大業三年」は、「大業四年」をたまたま書き誤っただけのことである。

その証拠に、同じ『隋書』の「流求国伝」には、倭国の使いが朝貢に来たのは大業四年（六〇八年）のことだ、とはっきり書いてある。『日本書紀』の編者は、『隋書』の「倭国伝」だけを見て、年代のまちがいに気がつかずに、六〇七年に小野臣妹子が派遣されたと書いてしまったのである。

もっと『日本書紀』が変なのは、小野臣妹子の派遣先も、裴世清の出発国も、「大唐」と書いていることである。この時期の中国皇帝は隋の煬帝であって、唐の建国は十年ほど後のことである。このことから見て、『日本書紀』が使った史料は、唐の時代になってからでっち上げた信用のならない史料で、確かな年代も書いてなかったのだろう。いずれにせよ、有名な「日出づる処」の国書を送ったのは、聖徳太子ではない。

武帝に匹敵した隋の煬帝の施策

隋の煬帝は、六〇四年に父の文帝のあとを継いで即位した。

煬帝は、南満洲から韓半島にかけての地域は高句麗王国の領土になっているが、もともとは前漢の武帝《ぶてい》が紀元前一〇八年に朝鮮《ちょうせん》王国を征服して以来、四世紀の五胡十六国《ごこじゅうろっこく》の乱までは、歴代の中国皇帝の直轄領だったことを思い出した。

高句麗は、もともと鴨緑江《おうりょくこう》の上流の山中にいた狩猟民で、一世紀の初めに王国を建て、しだいに大きくなった。五胡十六国の乱がはじまって三一三年に中国軍が韓半島から撤退すると、高句麗王国は韓半島北部の楽浪《らくろう》郡の故地を占領し、韓半島中部の帯方《たいほう》郡の故地に建国した百済《ひゃくさい》王国と対立した。西方では、高句麗の領域は遼河《りょうが》の東岸までひろがった。

三六九年、高句麗の故国原王《ここくげんおう》は軍を率いて韓半島で南下を開始した。百済王国はこれに対抗するため、大阪湾岸の倭王と同盟し、毎年のように高句麗と戦った。この戦争は、四九一年に高句麗の長寿王《ちょうじゅおう》が死んで高句麗の南下が止まるまでつづいた。この間に高句麗は四二七年、今の中朝国境の吉林省《きつりん》集安《しゅうあん》県から都を平壌に移している。

煬帝は、中国皇帝の面目にかけて韓半島を回収する事業に乗り出し、今の北京に基地をおいて人員と物資を集積した。六一二年、煬帝はみずから百十三万人の大軍を率いて高句麗に遠征したが、高句麗が勇敢に戦って抵抗したので、隋軍はついに平壌に達することができず、むなしく撤退した。あせった煬帝は、翌六一三年にもみずから高句麗征伐に出陣したが、またもむざんな失敗に終わった。煬帝はそれでもあきらめず、六一四年にも第三回の高句麗征伐のために動員令を下したが、隋の国力はもはや疲弊しきっていて、各地に反乱が続出し、兵力が思ったように北京に集まらなかったので、さすがの煬帝も高句麗征伐を断念するほかはなかった。

高句麗征伐のほかにも、煬帝は皇帝の権力を振り回して大事業を派手に展開した。その度を越した積極性は、漢の武帝に匹敵する。

煬帝が行なったためざましい大事業の一つに、大運河の開鑿《かいさく》がある。この運河は、浙江省《せっこう》の杭州《こうしゅう》から長江デルタを縦断して北上し、長江の北岸の揚州《ようしゅう》から淮河《わいが》の下流域の沼沢地帯を通って河南省《かなん》の開封《かいほう》の西で黄河に入り、さらに黄河をさかのぼって、都の大興《だいこう》（西安）に達した。この運河によって、歴史上はじめて、江南の物資が直通で首都に運べるようになった。

また、煬帝は六一六年、完成したばかりの大運河を利用して、鮮卑系の皇帝としてはじめて南方に遊幸した。そして、揚州《ようしゅう》の町を大変に気に入った。揚州の港には、インド洋の方面からペルシア人やアラビア人がたくさんやってきて商業に従事しており、当時の東アジアでは広州《こうしゅう》と並ぶ国際都市であり、外国貿易の中心地だった。

煬帝は揚州に腰を落ち着けて南方の生活を楽しみ、北方の首都に帰るのをいやがった。高句麗征伐の失敗で傷ついた心をいやすためだったが、征服した南朝の文化を吸収するという意味あいもあった。

煬帝に反旗を翻した李淵・李世民の父子

煬帝が南方にいる間に、全国で反乱が起きた。六一七年には、唐国公《とうこくこう》李淵《りえん》が太原《たいげん》（山西省太原市）で兵を挙げた。この当時、李淵は太原留守《りゅうしゅ》という役職に任じられて、煬帝の巡幸の間、太原に駐屯する軍隊の司令官をつとめていた。

後世の史料では、李淵は優柔不断な人で、彼の事業はすべて次男の李世民がやったことになっている。

たとえば『資治通鑑《しじつがん》』という編年体の歴史書がある。これは北宋《ほくそう》の司馬光《しばこう》という人が主になって編纂し、一〇六七年に完成したものである。

『資治通鑑』によると、李世民は晋陽県《しんようけん》（太原市）の長官の劉文静《りゅうぶんせい》と仲がよく、ひそかに旗揚げの相談をしていたが、父の李淵がどう思うかわからないので、うち明ける勇気がなかった。いっぽう、李淵は、太原の地元の晋陽宮《しんようきゅう》という離宮の監督の裴寂《はいじゃく》と仲がよく、しょっちゅう一緒に宴会をしていた。そこで李世民は裴寂とばくちをしてはわざと負け、裴寂と仲よくなって信用されるようになった。それから裴寂に自分の計画をうち明けて同意を得た。

そのころ、たまたまモンゴル高原の遊牧民のトルコ人（突厥）が、馬邑《ばゆう》（山西省朔県）に侵入して掠奪を行なった。太原留守の李淵は軍を送ってこれを迎え撃ったが、トルコ人に敗れてしまう。李淵は、この失態で煬帝に罰せられるのを恐れた。李世民はこの機会につけこんで、人のいないところで李淵を説得しようと試み、

「今、皇帝陛下はわけのわからない行ないをなさり、人民は困窮しております、太原の城外はみな戦場です。お父上がもしつまらない義理立てをなされば、反乱と刑罰の板挟みになって、遠からず難儀におちいるのは目に見えております。それよりは、人民の望みに従って正義の兵を挙げれば、禍を転じて福と為すこともできましょう。これこそ天が授けた

機会です」

　と言った。李淵は大いに驚き、

「お前は何だってこんなことを言うのか。わしは今、お前を捕らえて当局に突き出してやる」

　と言い、紙と筆を取って皇帝への報告書を書こうとした。李世民は落ち着いて言った。

「わたくしは、天の時、人の事がこうなっているのを見て、あえて申し上げたのです。捕らえて突き出そうとなさるのならば、わたくしは死んでも構いません」

　李淵は言った。

「わしがお前を突き出したいわけがあるものか。お前は口を慎むがよい」

　翌日、李世民はまた李淵の説得を試みて言った。

「今、反乱は日々に増えて、天下のいたるところに起こっています。お父上が陛下の御命令を受けて討伐なさっても、反乱が尽きるはずはありません。どうせ最後には罪におちいるに決まっています。お父上がもし、かりに反乱をことごとく鎮圧なされたとすれば、功績が高すぎて、賞されるどころか、ますます身が危うくなりましょう。昨日申し上げたとおりになさるしか、災難を免れる道はありません。これが最善の策です。どうかお父上は信じて下さい」

李淵はため息をついて言った。

「わしは一晩お前の言ったことを考えたが、まことに筋の通った話だ。これからは、一家の滅亡もお前のせい、天下を取るのもお前のせいだ」

これより先、裴寂は晋陽宮の女官に、李淵の夜の伽《とぎ》をさせたことがあった。李淵が裴寂のところに酒を飲みに来た。酒がまわったところで、裴寂はおもむろに李淵に言った。

「あなたの次男はひそかに私兵を養って、大きな仕事をしようとしています。それこそが、わたくしが女官をあなたと寝させた目的です。このことが発覚したら、わたくしもあなたも死刑になる。これはいちかばちかの冒険です。みんなの決心はもうついています。あなたのお気持ちはいかがですか」

李淵は言った。

「わたくしの息子の計画というのはほんとうです。こうなってしまっては、もうしようがない。その通りにしましょう」

そこへ煬帝から、馬邑の敗戦をとがめて、李淵を逮捕して揚州に連行せよという命令がとどいた。李淵は大いに恐怖した。李世民と裴寂は、李淵に対して、この機をとらえて兵を挙げ、太原から首都の大興（西安）に進攻して、留守番の代王《だいおう》（煬帝の孫）の身柄を確保しようと進言した。李淵も同意して、ひそかに出陣の準備をした。たまたま揚州からつぎの使者が到着して、李淵を赦《ゆる》すという煬帝の命令を伝えた。李淵は安心して出陣を延期した。

李淵がなかなか挙兵に踏み切れなかったのには、別に理由があった。この当時、李淵の長男の李建成《りけんせい》と四男の李元吉《りげんきつ》が河東《かとう》（山西省永済県蒲州鎮）の李淵の本宅に居て、太原を遠く離れていたので、李淵が早まって挙兵すれば息子たちの身が危うかったからである。

劉文静と裴寂はあせって、李淵をせき立てた。たまたま馬邑（山西省朔県）で劉武周《りゅうぶしゅう》という人がクーデターを起こして城を乗っ取り、トルコ人（突厥）のカガン（可汗、遊牧君主）と同盟して、汾陽宮《ふんようきゅう》に占拠した。汾陽宮は、太原の西北方の静楽《せいらく》県にあった離宮である。李淵は、遠い揚州に滞在中の煬帝の許可を得るひまがないという口実で、李世民や劉文静に命じて兵士を募集させ、十日で一万人近くを集めた。そのいっぽう、ひそかに河東から李建成と李元吉を太原に呼び寄せた。

二人の息子が太原に到着すると、李淵は劉文静をトルコ人のカガンに遣わして忠誠を誓い、隋の首都長安（西安）を攻略したら、土地と人民は李淵のもの、財宝はすべてカガンのものにしようと約束した。カガンは大いに喜び、トルコ軍の出動を李淵に通告した。

李淵はいよいよ三万の兵を率いて太原を出発した。李建成は左翼の部隊、李世民は右翼の部隊を指揮した。李元吉は留守部隊を指揮して太原に留まった。李淵は長安に入城して、代王を皇帝に立て、自分は唐王と称した。六一七年のことであった。

このころ、隋の煬帝は揚州の行幸先で酒色の快楽にふけって、いつかな首都の大興に帰ろうとしなかった。お供の鮮卑人たちは故郷が恋しくて我慢がならなくなり、ついに反乱を起こして煬帝を殺した。六一八年のことで、煬帝は五十歳だった。

同盟を求めたトルコ帝国とはどういう国か

李淵が挙兵にあたって同盟を結んだ相手のトルコは、モンゴル高原の遊牧民で、漢字では「突厥《とっけつ》」と音訳する。

トルコ人はもともと、今のモンゴル国と新疆《しんきょう》ウイグル自治区をへだてるアルタイ山脈に遊牧していた部族であった。モンゴル高原には六世紀の半ばまで、柔然《じゅうぜん》（蠕々《ぜんぜん》）という遊牧民の王国があった。トルコ人には祖先はオオカミだったという神話があり、その子孫は代々柔然に奉仕する鍛冶屋の部族だったという。

五四六年、トルコの部族長だったブミン（土門）は柔然から独立し、西魏と同盟した。西魏の宇文泰《うぶんたい》は、ブミンを西魏の皇女長楽公主《ちょうらくこうしゅ》と結婚させた。五五二年、ブミンは柔然の最後のカガンを撃破し、柔然のカガンは自殺した。ブミンはイルリグ・カガン（伊利可汗）と自称した。これがトルコの建国である。

イルリグ・カガンの息子のムカン・カガン（木杆可汗）は、一代の間に、東は満洲の遼河まで、北はシベリアのバイカル湖まで、西はカスピ海にいたるまでを征服した。こうしてトルコ人の領土は、ユーラシア大陸の北部の「草原の道」に沿って東西にひろがる大遊牧帝国になった。

この時期の華北には、東に北斉《ほくせい》、西に北周《ほくしゅう》が対立して、はげしい闘争を繰り返していた。モンゴル高原のトルコ帝国は高みの見物を決め込んで、その時々に貢ぎ物が多かった方に肩入れし、両方を適当にあやつっていた。北斉の皇帝たちも、北周の皇帝たちも、トルコを自分側につなぎとめようと必死だった。

ムカン・カガンの後を継いだのは、弟のタスパル・カガン（他鉢可汗）だった。タスパル・カガンは部下に向かって、

「わたしの南方にいる二人の息子さえ親孝行なら、何で物資の不足を心配する必要があろうか」

と言ったと伝えられる。二人の息子とは、北斉と北周の皇帝たちのことだった。

タスパル・カガンは五八一年に死んだ。トルコ帝国はあまりに急激に発展したので、国内の統一が弱くなっており、ついに五八三年、北アジアの東トルコ（東突厥）と中央アジアの西トルコ（西突厥）に分裂した。

東トルコでは、タスパル・カガンの後を、イルリグ・カガンの孫でムカン・カガンの甥のイシュバラ・カガン（沙鉢略可汗）が継いだ。イシュバラ・カガンの妻は、北周の皇族の娘の千金公主《せんきんこうしゅ》だった。北周に取って代わった隋の文帝は、千金公主を自分の帝室の一員に加えて大義公主《たいぎこうしゅ》という称号を与え、イシュバラ・カガンの機嫌をとった。

イシュバラ・カガンの弟はバガ・カガン（莫何可汗）、バガ・カガンの息子は「意利珍豆《いりちんとう》啓民《けいみん》」カガンである。この奇妙な名前は隋の文帝が与えた称号で、「意智健《いちけん》」という意味だという。たぶん鮮卑語だろう。

この啓民《けいみん》カガンは名目はトルコ帝国の大カガンだったが、実際には大して実力はなく、隋の文帝、煬帝の後押しのおかげで、トルコ人の他の君主たちに対して優位を保っていた。六〇九年、啓民カガンは死に、息子の始畢《しひつ》カガンが後を継いだ。六一七年に兵を挙げた李淵が、まっさきに使いを遣わして、その臣下になることを条件に、トルコの騎兵隊の援兵を求めた相手はこの始畢カガンだった。

唐の建国と「禅譲」という空虚な形式

六一八年、煬帝の死の知らせがを長安にとどいた。李淵はただちに代王を廃位して、自分で皇帝（唐の高祖）になった。これが九〇七年まで、二百八十九年間続く唐朝の建国である。

李淵はもともと唐国公であった。それがまず唐王になり、最後に大唐皇帝になったのは予定の行動だった。その間に、まず隋の代王を皇帝に立てておいて、それから自分で皇帝になるという回りくどい手続きを踏んだのは、中国の伝統的な「禅譲《ぜんじょう》」の形式に則るためだった。

司馬遷《しばせん》の『史記』以来の中国の歴史の理論では、およそ皇帝は天命を承けた「正統」の皇帝でなければならない。そうでなければ、天下を支配する権利はない。天命は、原則として男系の血統で伝わるもので、これが「正統」だが、例外として「禅譲」による継承と、「放伐《ほうばつ》」による継承があることになっている。「放伐」は実力で先の皇帝から位を奪い取ることであり、「禅譲」は、先の皇帝が自発的に退位して、自分より資格のある者に位を譲ることである。

「禅譲」とはいっても、つきつめれば結局は「放伐」と同じことで、弱い皇帝を脅迫して位を譲らせるだけのことである。この形式は、西暦八年に王莽《おうもう》が前漢の帝位を奪ったときにはじまり、二二〇年に曹丕《そうひ》が後漢《ごかん》の献帝《けんてい》から禅譲を受けて魏《ぎ》朝をはじめたとき、二六五年に司馬炎《しばえん》が魏の元帝《げんてい》から禅譲を受けて晋《しん》朝をはじめたときにも、そのまま行なわれた。南朝でも、東晋《とうしん》から宋《そう》へ、宋から南斉《なんせい》へ、南斉から梁《りょう》へ、梁から陳《ちん》へという王朝の交替に

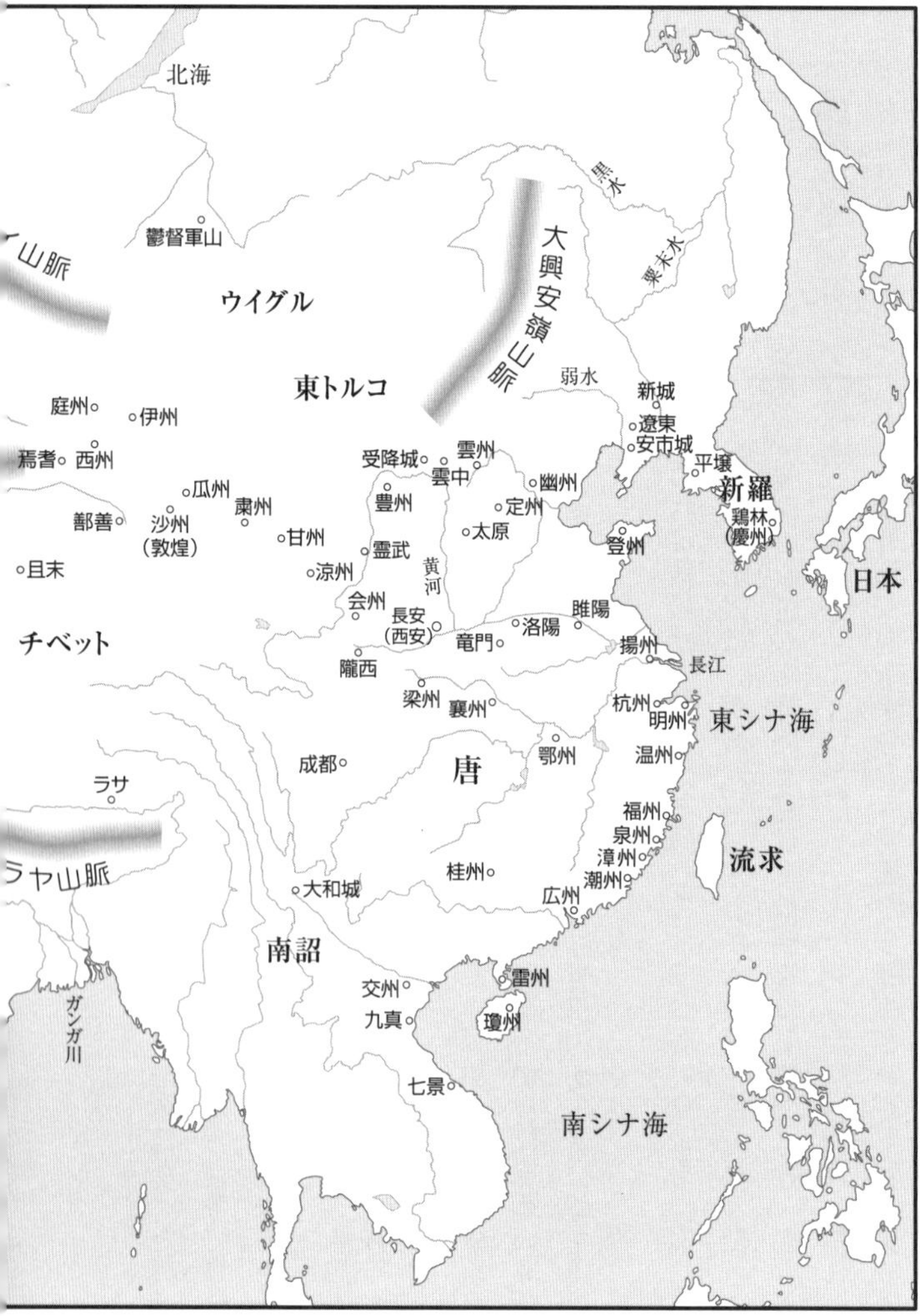

北海
鬱督軍山
山脈
ウイグル
東トルコ
大興安嶺山脈
黒水
粟末水
弱水
新城
遼東
安市城
平壌
新羅
鶏林
(慶州)
日本
庭州
伊州
焉耆
西州
瓜州
粛州
鄯善
沙州
(敦煌)
甘州
且末
受降城
雲州
雲中
幽州
豊州
定州
太原
霊武
黄河
涼州
登州
会州
長安
(西安)
睢陽
洛陽
竜門
揚州
長江
チベット
隴西
梁州
襄州
杭州
明州
東シナ海
成都
唐
鄂州
温州
ラサ
福州
泉州
漳州
潮州
流求
ラヤ山脈
大和城
桂州
広州
南詔
雷州
交州
九真
瓊州
ガンガ川
七景
南シナ海

ホラズム海
カスピ海
バルハシ湖
西トル
ヤクサルテス川
オクソス川
千泉
熱海
天山山脈
アラブ帝国
安
康
米
疏勒
マダイン
ヘラート
ペルシア海
スードラ朝
スタネスワラ
カンヤクブジャ
アラビア
ヴァラビ朝
シンドゥ川
ヴァラビ
ヴァルダナ
ナーシク
ヴェンギ
ヴァータピ
アラビア海
カーンチー

は禅譲の形式をとったが、手続きはだんだん簡略化された。
禅譲の基本的な手続きは、まず朝廷の全権を握った権力者は、皇帝の命令を受けるという形式で郡県を封土として与えられて、自分の王国を開く。その王国には、皇帝の朝廷に準じた丞相《じょうしょう》以下の百官をおく。そうして郡県がつぎつぎに追加されて、王国はだんだん大きくなり、最後に皇帝が詔勅を下して、「徳のある王に天下を譲る」という形式をとるのである。

李淵が皇帝になると同時に、長子の李建成が皇太子になり、李世民は尚書令《しょうしょれい》・秦王《しんおう》となった。

尚書令は漢の武帝のときから重要とされた役職で、もともとは少府《しょうふ》という役所の書記官である。少府は、宮中の造営や御物など宮中の必要なものをつくる役所で、皇帝の私用を足した。漢の武帝は便利だからと、その書記官を自分の手元にひきいれて使った。そのため、尚書令の地位はだんだん高くなり、皇帝が毎日決裁する書類を扱うようになった。

こうして尚書令は、皇帝の私用を足す部署から、やがて表

唐の太宗李世民関連年表

598
李世民が武功（陝西省）に生まれる、李淵（唐の高祖）の第二子、母は竇氏
600
倭王阿毎多利思比孤阿輩鶏弥が使いを隋の文帝に遣わす
601
トルコが隋に敗れる
608
倭王多利思比孤が使いを隋の煬帝に遣わす
609
隋の煬帝が裴世清を倭国に遣わす
611
隋の高句麗遠征（～614）
616
煬帝が江都（揚州）に行く

向きの仕事をするようになり、最後には皇帝の最高の官庁である尚書省《しょうしょしょう》の長官になった。尚書省は日本でいうと、総理府と内閣を一緒にしたようなもので、すべての行政権はここに集中した。尚書令は、表の官僚制度のトップといえる。

このころ、唐の支配は陝西《せんせい》省、甘粛《かんしゅく》省の外には及んでいなかった。洛陽《らくよう》では、代王の弟の越王《えつおう》が皇帝になって隋の政権を維持していた。越王の帝位はその後、王世充《おうせいじゅう》という中央アジア出身のソグド人に乗っ取られた。河北省南部の永年県には、竇建徳《とうけんとく》という匪賊出身の軍閥がいた。その他、国内のあらゆるところで反乱軍が跋扈し、群雄割拠の情勢だった。李世民は東に西に遠征を繰り返し、最後には六二一年、みずから軍隊を率いて洛陽を落とし、唐の最大のライバルであった王世充と竇建徳を捕虜にした。これで華北はほぼ平定された。

秦王李世民は、洛陽を平定して凱旋すると、父李淵からその殊勲を賞して天策上将《てんさくじょうしょう》という称号をもらい、天策府という専属の官庁を開き、そこに自分の官吏をおくことを許された。

617
李淵が太原留守となる／李淵が太原で挙兵し、トルコに臣従する／三軍を置き、世民が右軍を領する／京兆（西安）を陥れ、隋の代王を立てて皇帝とする／李淵が唐王となり、世民が唐国の内史となる

618
隋の煬帝が江都（揚州）で殺される／李淵が皇帝となる（唐の建国）／長子建成が皇太子となる／世民が尚書令となり、秦王に封ぜられる

621
世民が洛陽を陥れ、竇建徳・王世充を捕らえる（中国ほぼ統一）／世民が天策上将となり、天策府を置く（十八学士）

625
世民が中書令となる

天策上将は、すべての諸王・諸侯よりも上位に立つことになった。

李世民は人材を集めるのに熱心で、自分の宮殿の西に文学館というものを建て、そこに後に帝相となる杜如晦《とじょかい》、房玄齢《ぼうげんれい》などの十八人を、毎日六人ずつ三交代で宿直させ、食事を供して特別に優遇した。かれらは十八学士と呼ばれて有名になった。李世民のブレーンである。李世民自身は、ひまさえあれば文学館にやってきて学士たちと話し込み、夜中まで起きていることもあった。

その四年後の六二五年には、李世民は中書令《ちゅうしょれい》をも兼ねた。中書令も漢代からある役職である。尚書令が表の行政府の長官であるのに対し、中書令は皇帝の私的秘書室の首席秘書にあたる。皇帝の身辺で雑用を足す組織が大きくなって表に出てきて、表の行政機構と並立するようになったものである。

李世民が、父皇帝の私用を果たす秘書室のトップと表の官僚組織のトップの両方を一身に兼ねたのは、李世民がやがて

---

626 世民が皇太子建成を殺す（玄武門の変）／世民を皇太子とする／高祖が退位し、世民が皇帝となる（唐の太宗）／長子承乾を皇太子とする

628 唐が梁師都を滅ぼす（唐の中国統一）

629 房玄齢が尚書左僕射、杜如晦が右僕射、魏徴が秘書監となる／トルコ（突厥）を伐つ

630 唐がトルコ（第一帝国）を滅ぼす／西北の君長が「天可汗」の号を奉る

634 チベット王ソンツェンガンポが唐に使いして婚を請う

635

兄である皇太子李建成から実権を奪うためには大いに意味のあることだった。

兄弟を殺害して皇帝となった李世民

今残っている史料は、すべて太宗李世民が唐王朝第二代皇帝となってから書かれたものばかりである。当然、太宗を持ち上げている。そういった史料でさえ、高祖李淵の長男だった皇太子李建成の人格については、弱虫だったとは書いていない。このことから考えると、李建成はかなり立派な人物だったようで、いつも李淵の側にいて、大切にされていたらしい。しかし、李世民の勢力が大きくなると、どうしても皇太子との間柄が緊張する。こうしてついに、六二六年の「玄武《げんぶ》門《もん》の変」が起こった。

当時の長安城の構造は、今の北京城で紫禁城が中央にあるのとちがい、宮城《きゅうじょう》と皇城《こうじょう》は市街のいちばん北の端にあった。今の地図を見ると、西安市の城壁に囲まれている部分が宮城

高祖李淵の死
636 チベット王が息子のグンソングンツェンに譲位する
640 唐が高昌国を滅ぼす／文成公主がチベット王グンソングンツェンに嫁ぐ
643 魏徴の死／第五子斉王祐を殺す／皇太子承乾を廃し、弟漢王元昌を自殺せしめ、第四子魏王泰を幽閉し、第九子晋王治（高宗）を皇太子とする／チベット王グンソングンツェンの死、ソンツェンガンポの再即位
645 太宗が高句麗に親征して失敗する
645

と皇城にあたることがわかる。

皇城は中央官庁が集まっている一区画で、その北の端に、道幅の広い横街が東西に通じている。これは今の北京の天安門広場にあたる。横街の南側には兵営が並んでいる。兵営のさらに南側が尚書省などの諸官庁となる。

皇城から宮城へは五つの門で通じている。中央の門は承天《しょうてん》門《もん》である。宮城は皇帝の私的な生活の場だった。今の北京の紫禁城（故宮博物院）でいうと、太和殿《たいわでん》・中和殿《ちゅうわでん》・保和殿《ほうわでん》の北の、乾清門《けんせいもん》の後ろの一郭が唐の宮城にあたる。

その宮城の東の端に東宮《とうぐう》がある。これは皇太子の居場所である。宮城の西の端には掖庭宮《えきていきゅう》がある。掖庭宮は皇后や女官たちの住むところである。

宮城のいちばん北の城壁の門が、今回の事件の鍵を握る玄武門である。後にその玄武門の東側に、北に張り出して大明宮《だいめいきゅう》がつくられたが、これは高祖や太宗の時代にはなかった。太宗のあとを継いだ高宗が六六二年、脳梗塞で体の自由がきかなくなり、宮城が湿り気が多いのをきらって、少し高い乾燥したところに住みたいというので、大明宮を建てたのだ

大化の改新（倭）

646
唐が薛延陀部を滅ぼす／文成公主がチベット王ソンツェンガンポと再婚する

648
王玄策がインドのマガダ国王阿羅那順を捕らえて帰る／房玄齢の死

649
太宗の死（五十三歳）／皇太子治の即位（高宗）／チベット王ソンツェンガンポの死

った。

玄武門の外、長安城の北の一帯は禁苑《きんえん》と呼ばれる広大な区域だった。禁苑には、北軍《ほくぐん》という特別の軍隊が駐屯していた。北軍は、李淵の旗揚げに従って太原から長安に移ってきた兵士で構成された軍隊で、いわば旗本だった。李淵にとっても李世民にとっても、気心の知れた身内である。

北軍に対して南軍があった。南軍は皇城の中、宮城の壁のすぐ外の兵営に駐屯していた。北軍は唐の帝室の私兵だが、南軍は正規軍である。南軍の兵士は、地方におかれた折衝府《せっしょうふ》という兵営に入隊して、そこから交代で長安に上って皇城の兵営に詰める。折衝府の大多数は、北周・隋・唐の本拠の陝西省、甘粛省と洛陽の周辺にあり、残りは辺境にあった。この制度を府兵制といった。要するに、北魏以来の遊牧民の軍隊が府兵制の原型である。

このことから見てわかるように、唐という政権の本質は、遊牧民出身の皇帝が自分の種族を代表して漢人などの異種族を支配するというものだった。

さて、李世民はもともと気が強くてやる気にあふれ、またその情熱に見合うだけの資質も備えていた。これだけ次男の李世民の勢力がめざましく力をつけてくると、長男の李建成との間に緊張が生じるのは必至だった。

六二六年七月二日、李世民は兵を率いて玄武門を占領し、兄の皇太子李建成と弟の斉王李元吉を射殺して、宮城を制圧した。これを「玄武門の変」という。

父の高祖李淵は、李世民を皇太子に立て、皇帝の全権を委譲した。ついで九月三日には高祖は退位して太宗李世民が皇帝となった。このとき高祖は六十一歳、太宗は二十九歳だった。高祖はその後、九年間、隠居生活を送り、六三五年に亡くなった。七十歳だった。

太宗が兄弟を殺して父の位を奪った玄武門の変の経緯については、唐代の史料がいろいろあるが、どれも太宗の立場を弁護するために書かれたもので、本当ではない。わずかに真相がわかるのは、常何《じょうか》という将軍の墓誌銘である。それによると、常何はもともと皇太子李建成の部下の将校で、事件の当夜、玄武門の守備隊を指揮していたが、実はすでに秦王李世民によって買収されていた。このおかげで、李世民は李建成の油断をついて、やすやすと玄武門を占領することができたのである。

遊牧帝国の君主を兼ねた中国皇帝

太宗が即位したときには、まだ唐朝は中国を完全に統一したわけではなかった。長安の北方、今の内モンゴル自治区西部の黄河の湾曲部の南には、梁師都《りょうしと》という地元出身の軍閥が居て、梁国《りょうこく》皇帝と自称していたが、実質はトルコ帝国の手先だった。太宗は六二八年、軍隊を派遣して梁師都を滅ぼした。これで中国の統一は完成した。

これまで唐の皇帝はトルコのカガンに対して「臣」と称し、貢ぎ物を贈っていた。六三〇年、ついに太宗は唐軍をモンゴル高原に送って、最後のカガンを捕らえて連れ帰った。これがトルコ第一帝国の滅亡である。

ここにおいて、北アジアの遊牧部族長たちは、太宗を自分たちのカガンに選挙し、「テングリ・カガン」（天可汗、世界皇帝）という称号を捧げた。この六三〇年から半世紀の間、唐の皇帝は、北アジアの遊牧民に対しては「天可汗」と名乗ることになった。中国の皇帝が遊牧帝国の君主を兼ねるのは、史上はじめてのことだった。

しかし、これは、中国の領土がモンゴル高原までひろがったというわけではない。そもそも国家とか領土という概念は、十九世紀に国民国家という新しい概念ができて、はじめて生まれたものである。この時代には、それぞれの部族長たちが唐の皇帝を自分の主君とみとめて、個人的な関係を結ぶということにすぎなかった。

その五十二年後、六八二年になって、東トルコは再び団結して唐の高宗から独立し、モンゴル高原にトルコ第二帝国をつくった。

このトルコ第二帝国の時代になると、トルコ語をルーン文字と呼ばれるアルファベットで書き表した碑文がはじめて登場する。そうした碑文では、唐の皇帝のことを「タブガチ・カガン」と呼んでいる。「タブガチ」は、たぶん、北魏の皇帝の姓の「拓跋」氏と同じであろう。トルコ人が唐の皇帝を「タブガチ・カガン」と呼んだということは、北アジアの遊牧民にとって、唐は漢人の国ではなく、鮮卑の国だったことを示している。

チベットと姻戚関係を結ぶ

唐の太宗の時代になって、チベットがはじめて歴史に登場する。チベットは唐代史料では漢字で「吐蕃《とばん》」と書く。

なお、日本語の「チベット」は、英語の Tibet に由来する。チベットは、古代トルコ語の碑文では「Tüpüt」、モンゴル語では「Töbed」、満洲語では「Tubet」という。これがペルシア語やアラビア語を経て英語に入ったのが Tibet である。もともとのチベット語では、チベットのことは Bod と綴り、「ポェ」と発音する。これがインドのサンスクリット語では「ボータ（Bhota）」となる。

チベット高原の歴史は、華北が五胡十六国の乱の最中だった四世紀の末にはじまった。そのころ、チベット高原の西部に初代の王が出現した。それから約百五十年を経て、ソンツェンガンポ王が出て、唐が東トルコをほろぼした六三〇年ごろまでにチベット高原を統一した。

後世のチベットの伝承によると、ソンツェンガンポ王は、トンミ・サンボータという人をインドに派遣して文字を学ばせ、サンボータがインド文字を改良してチベット文字をつくったことになっている。実際、六三五年から後、毎年の記録が残っており、この王の治世からチベット語がチベット文字で書かれるようになったことは確かである。

ソンツェンガンポ王は六三四年、唐に使いを遣わして、太宗に「皇女を嫁にもらいたい」と申し入れた。太宗はこれに応じて六四〇年、自分の養女に文成公主《ぶんせいこうしゅ》という称号を与え、チベットに嫁がせた。ソンツェンガンポ王は退位して、息子のグンソングンツェンに王位を譲った。グンソングンツェン王は文成公主を迎えて結婚した。こうしてチベットは唐と肩を並べる帝国となった。

ところが、六四三年にグンソングンツェン王が馬から落ちて死に、父のソンツェンガンポが王位に復帰した。そして、文成公主は夫の冥福を祈るため、チベットで最初の仏寺ラモチェ（小招寺）をラサに建て、唐から取り寄せた釈迦牟尼《シヤカムニ》仏像を祀った。そして喪が明けるのを待って、六四六年、亡き夫の父親のソンツェンガンポ王と再婚したのだった。唐の太宗は、この結婚を異議なく承認した。

もし唐の帝室が漢人だったら、これはとんでもない話である。なぜなら、嫁が夫の父親と再婚するなどということは、漢人にはとうてい考えられない、道徳に反する行為だからである。これも唐の皇帝が漢人でなかった証拠である。

ソンツェンガンポ王は、唐の太宗と同じ六四九年に死んだ。そのあと未亡人となった文成公主は、王の冥福のために、ラサにトゥルナン寺（大招寺）を建てた。

ソンツェンガンポ王には、ネパール人の妃もあった。ネパール人の妃が嫁入りのときに持参した十一面観世音像は、トゥルナン寺の本尊になっている。このように、唐とネパールの両方からチベットに仏教が伝わった。

その当時のチベットは、今のような仏教国ではなかった。チベットの宗教はポン教で、中国の道教のような宗教だった。これは今でも盛んである。ポン教では、仏教と何でも反対にする。仏教では祭壇を右回りに三回まわって拝むが、ポン教では左回りに回る。

仏教の関係でついでにいえば、唐の太宗の時代には、玄奘三蔵《げんじょうさんぞう》が六二九年に出発して、インドに経典を取りに行って、六四五年に帰国している。小説の『西遊記《さいゆうき》』では、太宗は玄武門の変で兄の皇太子李建成を殺して帝位を奪ったことで良心の呵責に耐えかね、兄の霊を弔うために玄奘三蔵を経典を取りに遣わしたことになっている。これはもちろん作り話である。実際の玄奘法師は、太宗に出国を禁じられたのを振り切って不法に出国したのだった。

太宗第一の失敗、後継者選び

唐の太宗の事業はそのほとんどが成功したが、二つだけ大きな失敗があった。その一つは後継者選びだった。

太宗の皇后長孫《ちょうそん》氏からは三人の息子が生まれた。長男の承乾《しょうけん》、四男の泰《たい》、九男の治《ち》だった。

皇太子李承乾は音楽と美人と狩猟が大好きだったが、頭がよく口がうまく、家来が行ないを諫《いさ》めようとすると、すぐ感づいて、先回りして土下座して謝り、自分が悪かったというので、事情を知らない外の人たちには評判がよかった。

李承乾はまた、遊牧民の生活にあこがれて、トルコ語をしゃべったりトルコ服を着るのが大変好きだった。彼は自分の家臣のなかからトルコ人に似た容貌の者を選んで、五人ずつを一組にして、髪を辮髪《べんぱつ》に編んでヒツジの毛皮の服を着せてヒツジ番をさせたり、トルコのカガンのような五匹のオオカミの頭のついた軍旗を作ったりし、また東宮の北にある禁苑の中に自分用のゲル（モンゴル人遊牧民が住む円形の組立家屋）を建て、そのなかでヒツジをゆでて、腰の小刀を抜いて肉を切り取って食った。またあるとき、家臣たちに、

「おれはカガンが死んだふりをする。お前たちは、その葬式のまねをしろ」

と言い、地面に倒れて寝た。家臣たちは泣き叫んで、馬にまたがって周りをぐるぐる走り回り、それから皇太子が寝ているそばに立って、刀で頰を切って血を流した。しばらく

して皇太子はむっくりと起きあがり、言った。

「いまに皇帝になったら、数万の騎兵を率いて草原で巻狩りをし、それから髪を解いてトルコ人になって、阿史那思摩《あしなしま》（太宗に降ったトルコ人の酋長の名前）の家来になりたい。もしシャド（トルコ語の軍司令官）になれれば、誰にも負けないさ」

李承乾のトルコ趣味は、当時としては特別なものではなかった。唐代の長安の貴族の間では、遊牧民の生活様式が大流行だったのだ。杜甫《とほ》の「哀江頭」という詩に、女官たちが武装して馬にまたがって皇帝の行幸に従う光景を、

輦前《れんぜん》の才人《さいじん》、弓箭《きゅうぜん》を帯ぶ。

白馬《はくば》は嚼齧《しゃくげつ》す、黄金の勒《はみ》。

身を翻して天に向かい、仰ぎて雲を射る。

一箭、正に堕《お》とす、双飛翼《そうひよく》。


と歌っている。こうした風俗は遊牧民の習慣で、唐代に目立ったものだった。

六四三年、皇太子がクーデターをくわだてているという告発があった。太宗は皇太子を廃せざるをえず、また皇太子と仲のよかった自分の弟の漢王李元昌《かんおうりげんしょう》を自殺に追い込むことになった。

李承乾の弟の魏王李泰《ぎおうりたい》は、いよいよ自分の番が来たと思い、しきりに太宗に取り入った。

太宗も四男の泰をかわいがり、皇太子に立てようという口約束を与えた。

しかし太宗の皇后の弟の長孫無忌《ちょうそんぶき》は、晋王李治《しんおうりち》を皇太子にするべきだという意見だった。

ある日のこと、太宗は近臣たちに向かって言った。

「きのう泰のやつが、わしの膝に身を投げかけて、『わたくしはやっと、陛下の子になれました。生まれ変わったようなものでございます。私には一人の息子がありますが、私が死ぬときには、息子を殺して、晋王（治）に位を伝えるとお約束いたします』と言うのだ。自分の息子がかわいくない者があるものか。わしはこれを見て、すっかりかわいそうになった」

すると、書の大家としても知られる褚遂良《ちょすいりょう》という人が言った。

「陛下のお言葉はおお間違いです。よくお考えになって下さい。陛下にもしものことがあって、魏王（泰）が皇帝になられましたら、自分の実の息子を殺して、晋王に位を伝えるなどということがあり得ましょうか。陛下は承乾を皇太子に立てておきながら、魏王を承乾以上にかわいがりました。その結果、こういうことになったのです。陛下が今、魏王を皇太子にお立てになるのでしたら、どうか先に晋王（治）をお片づけなさい。そうすれば安全です」

太宗は納得したが、魏王派の抵抗が強いことが予想された。そこで太宗は一芝居うつこ

とにした。近臣だけのところで、

「わしには三人の息子と一人の弟しかないというのに、こんなありさまだ。もう何もかもいやになった」

と言い、椅子から床に身を投げた。抱え起こされると、こんどは腰の刀を抜いて自分を刺そうとした。刀が取り上げられ、晋王が刀を受け取った。

長孫無忌らが、陛下は何をお望みですかときいた。太宗は言った。

「わしは晋王を立てたい」

長孫無忌が言った。

「承知いたしました。異議のある者は、わたくしが斬り殺しましょう」

太宗は晋王に向かって言った。

「お前の伯父さんがお前でいいと言った。お礼を言え」

晋王はそこで長孫無忌に頭を下げた。魏王は逮捕され、宮中に監禁された。晋王は皇太子に立てられた。

そのあとで、太宗は近臣に言った。

「わしが泰（魏王）を立てたとすれば、皇太子の位は運動すれば手に入れられるものになってしまう。今後は、皇太子が不適任で、藩王が取って代わろうとするようなことがあれば、どちらも廃位することにする。これは子孫に伝えて、いつまでも規則にせよ。それに、泰を立てれば、承乾も治（晋王）も、どちらも助かるまい。治を立てれば、承乾も泰も、どちらも無事でいられる」

つまるところ、晋王李治が皇太子に立てられたのは、気が弱くてやさしいからだということである。気が弱いというのは、後継者を選ぶ条件としては最悪だが、自分自身、兄弟を殺して父の位を奪って皇帝になった太宗としては、息子たちの間の殺し合いだけはなんとしても避けたかったのだろう。

太宗第二の失敗、高句麗遠征

唐の太宗のもう一つの失敗は、六四五年の高句麗《こうくり》遠征だった。

太宗はすでに東トルコをほろぼして、遊牧民の部族長たちの「天可汗」に選挙されるという実績があった。その勢いをかって、かつて隋の煬帝が三回試みて失敗に終わり、ついに隋の滅亡の原因になった高句麗征伐を、自分の手で完成させようとした。

六四四年の冬、太宗は皇太子李治（高宗《こうそう》）を連れて長安の都を出発して洛陽《らくよう》に移り、そこから天下の兵士十万人を動員した。翌六四五年の春、太宗は洛陽を出発して高句麗遠征に向かい、途中、皇太子を定州《ていしゅう》（河北省中部の定県）に留めて、自分は幽州《ゆうしゅう》（北京）に大本営をおいた。そこから遼河の下流域の沼沢地帯を横断して、高句麗の遼東城《りょうとうじょう》（遼寧《りょうねい》省の遼陽市）を攻め落とし、鴨緑江に向かった。唐の公式の記録によると、ここまでは連戦連勝で、破竹の勢いで鴨緑江まで行ったことになっている。

ところが鴨緑江の手前の安市城《あんしじょう》を、どうしても落とすことができなかった。手間取っているうちに秋の終わりがやってきて、寒さが加わり、食糧の補給も困難になった。太宗はついに高句麗の征服をあきらめて、唐軍の引き揚げを命令した。帰り道は困難をきわめた。風雪が吹き荒れ、兵士は凍傷にかかって多く死んだ。

やっとのことで太宗が、冬のはじめに臨渝関《りんゆかん》（山海関《さんかいかん》）まで帰り着いたところで、出迎えの皇太子に会った。さきに定州を出発するとき、太宗は皇太子に、

「お前に再会するまでは、この軍服を着替えない」

と言ったことがあった。帰ってきたとき、太宗の軍服は一度も着替えなかったので、汗じみてぼろぼろになっていた。皇太子が新しい軍服を差し上げると、太宗はやっと着替えた。太宗はその年末を故郷の并州《へいしゅう》（山西省太原市）で過ごし、長安に帰り着いたのは六四六年の春も終わりになってからのことだった。

その後、太宗のつぎの高宗の時代になって、六六〇年、唐軍は海上から韓半島南部に上陸作戦を行なって百済王国をほろぼし、背後から高句麗をついた。この戦略が成功して、

六六八年に唐は高句麗をほろぼすことができた。こうして韓半島は唐の支配下に入った。この情勢に、日本列島の倭人たちは大きな衝撃を受けた。そして、これがきっかけになって、天智《てんち》天皇が最初の天皇として即位して、日本国を建国することになった。

唐の終幕を予告した則天武后と安・史の乱

唐の太宗は六四九年、五十三歳で亡くなり、皇太子李治が即位して皇帝となった。これが第三代の高宗である。

高宗は気が弱い上に体も弱かったので、皇后の武氏《ぶ》、すなわち則天武后《そくてんぶこう》にいいようにされた。そのため、六八三年に高宗が亡くなったあとは、事実上、武后の独裁となり、とうとう六九〇年には、武后は正式に即位して聖神《せいしん》皇帝と名乗り、国号を唐から周《しゅう》と改めた。女で皇帝になったのは、後にも先にも則天武后ただ一人である。

こうして李氏の唐の天下は一度は武氏に乗っ取られ、唐の皇族たちの多くは殺されて、ほとんど根絶やしになった。それだけではなく、則天武后は、宇文泰がつくった鮮卑と鮮卑化した漢人の連合体と、それの上に成り立っていた府兵制《ふへいせい》を骨抜きにした。これは権力を武氏一族の手に集中するためだったが、唐の政権の基盤はこうして破壊された。

七〇五年になって武后の病気が重くなり、クーデターが起こった。武后は退位して、その年のうちに亡くなった。武后が産んだ高宗の七男の中宗が皇帝になって、国号は周から唐にもどった。しかし、中宗の甥の玄宗《げんそう》の時代（在位七一二―七五六年）になると、地方の駐屯軍司令官（節度使《せつどし》）たちの実力が唐朝よりも強くなっていた。その代表が安禄山《あんろくざん》である。

安禄山はトルコ人の女シャマンの息子で、ソグド人の将軍の養子になり、しだいに出世して、唐の北方辺境の三つの駐屯軍の司令官を兼任するまでになった。ついに七五六年、安禄山は幽州（北京）で大燕《だいえん》皇帝の位について、唐の長安（西安）を攻め落とした。これが安禄山とその盟友・史思明の名をとった「安《あん》・史《し》の乱」である。

安・史の乱は九年続いて七六三年に終わったが、それからあとは唐の皇帝は形ばかりのものとなり、地方軍閥が割拠する時代が二百年あまりも続く。その地方軍閥のほとんどが漢人（中国人）ではなく、その指揮下の軍隊の中核をなしていた種族も非中国人だった。その間に唐はほろびて五代《ごだい》・十国《じゅっこく》の時代となり、北宋《ほくそう》が天下を再統一したのは、やっと九七九年のことだった。

第3章

元の世祖フビライ・ハーン——

モンゴル帝国が支配した元朝

モンゴル帝国と元朝は同一ではない

元《げん》の世祖《せいそ》フビライ・ハーンはモンゴル人で、一二一五年九月二十三日に生まれ、一二六〇年、四十六歳で即位し、一二九四年二月十八日、八十歳で亡くなった。

ここで一つ、ことわっておくことがある。モンゴル帝国というと元朝のことだと思う人が多い。しかし、これは誤解である。

モンゴル帝国は、フビライ・ハーンの祖父のチンギス・ハーンが北アジア、中央アジアを征服して建国したもので、伯父のオゴデイ・ハーンの時代に東ヨーロッパまでひろがった。モンゴル帝国の内部にはチンギス家の分家がたくさん並び立っていたが、そのなかでも帝国の東部を支配したのがフビライ家で、そのフビライ家の、いわば屋号が「大元」であり、これが元朝である。そういうわけだから、モンゴル帝国全体を元朝と呼んではいけない。

チンギス・ハーンは一二〇六年の春、今のモンゴル国の東部のケンテイ山中で、北アジアの遊牧部族の代表たちの大会議（フリルタ）でハーンに推戴《すいたい》されてから、一二二七年の秋、今の寧夏回族《ねいかかいぞく》自治区にあった西夏《せいか》王国をほろぼして現地で亡くなるまで、戦争に明け暮れた二十一年の在位の間に、東は華北の黄河の北岸から、西はアフガニスタンを越えてパキスタンのインダス河までの広大な地域を征服した。

チンギス・ハーンの孫のフビライ・ハーンと、フビライ・ハーンの子孫の元朝皇帝たちが支配したのは、モンゴル帝国の東部だけである。元朝の支配がどこまで及んだかを少し詳しく述べると、まず、アルタイ山脈から東のモンゴル高原、今の新疆《しんきょう》ウイグル自治区の東部、チベット高原、大興安嶺《だいこうあんれい》山脈の東の満洲、韓半島、それから中国、そのころまでタイ族の王国だった今の雲南《うんなん》省までが、元朝の支配圏に入った。インドシナ半島では、ヴェトナム北部と、今のヴェトナム中部にあったチャンパー王国も、一時は元朝に征服された。

また元朝の支配圏の西方にはチャガタイ家の領地があり、今の新疆ウイグル自治区の天《てん》山《ざん》山脈の南北にわたっていた。チャガタイ家は、チンギス・ハーンの次男チャガタイの子孫である。

さらに西方の今のカザフスタンの草原は、チンギス・ハーンの長男ジョチの子孫の領地であり、俗にキプチャク・ハーン国と呼ばれている。ジョチ家は左右両翼に分かれる。右翼は「白いオルド」（アク・オルドゥ）と呼ばれて、ヴォルガ河に遊牧し、ロシアとウクライナの町々と、コーカサス山脈の北までを支配していた。ロシア人は「白いオルド」を、「黄金のオルド」（ゾロタヤ・オルダ）と呼んだ。「オルド」というのは、モンゴル語で遊牧君主が移動式の宮殿として使う大テントのことである。

ジョチ家の左翼は「青いオルド」（キョク・オルドゥ）と呼ばれて、はじめはカザフスタンのスィル・ダリヤ河の北に遊牧していたが、のちに十五世紀の末に南下して、今のウズベキスタンを支配下に入れた。

そのジョチ家の領地の南方の、アフガニスタン、イラン高原、コーカサス山脈の南のアゼルバイジャン、イラクのユーフラテス河までの地域は、フビライの弟フレグのイル・ハーン家の領地だった。

チンギス・ハーンの子孫たちは、アジアから東ヨーロッパにかけて広く散らばり、各地に多くの政権を立て、東方の中国世界と西方の地中海世界を結びつけた。東西の交流がこれまでになく盛んになったことによって、歴史の流れが変わり、世界は、十三世紀はじめのモンゴル帝国の出現を境に、新しい時代に入った。そうした新しい時代の扉を開けたのが、チンギス・ハーンその人だった。

モンゴル帝国登場に至る背景

モンゴル人という人々は、唐《とう》の太宗《たいそう》が第一次トルコ（突厥）帝国を倒した六三〇年のあと、はじめて漢文の記録に現れる。この時代のモンゴルはまだ小さな部族で、現在のロシア領シベリアと満洲北部の黒龍江省《こくりゅうこう》との境を流れるアルグン河の南に居た。その後、六八二年に復興した第二次トルコ帝国は、七四五年にウイグルという部族にほろぼされた。ウイグルは、今のモンゴル国の中部のセレンゲ河のあたりに遊牧していた部族で、トルコに代わってウイグル帝国を建てた。ウイグル帝国はモンゴル高原を支配し、七五五年に唐で安《あん》・史《し》の乱が起こると、唐の皇帝を助けて華北の戦争に介入した。八四〇年になって、西北方のシベリアから、キルギズ人という遊牧民がモンゴル高原に侵入してきた。ウイグル帝国は倒れ、ウイグル人たちは散り散りになった。

キルギズ人たちは、ウイグル人に代わってモンゴル高原を支配しようとしたが、東北方から入り込んできたタタル人と呼ばれる別の遊牧民によってモンゴル高原から追い出された。八六〇年代のことである。このタタル人の間に、やがてモンゴル部族が再び姿を現すのである。

北アジアでこうした変化が起こっている間に、中国では唐の命運がいよいよ尽きようとしていた。九〇七年、朱全忠《しゅぜんちゅう》という強盗団あがりの将軍が唐をほろぼし、自分で皇帝になって後梁《こうりょう》朝をはじめると、これまで中国各地に割拠していた軍司令官たちも、われもわれもと皇帝を名乗り、五代《ごだい》・十国《じゅっこく》の混乱期がはじまった。これは五十年余り（実質的な混乱は百年余り）続いた。

このうち、華北の黄河中・下流域でめまぐるしく交代した五つの王朝のうち、三つの王朝の皇帝たちはトルコ人だった。後唐《こうとう》、後晋《こうしん》、後漢《こうかん》である。残りの二つは朱全忠の後梁と後周《こうしゅう》で、十国とはその他の地方の諸王朝をさしている。

その五代のうち、後唐では九三六年に内紛が起こった。これに介入したのが契丹《きったん》（遼《りょう》）の太宗《たいそう》である。

契丹は、昔の烏丸《うがん》と同じ地域、大興安嶺山脈の南部の、今の遼寧《りょうねい》省のシラ・ムレン河流域の遊牧民だった。第二次トルコ帝国の碑文では、契丹人は「キタニ」と呼ばれている。これがのちのトルコ語では「キタイ」と変わった。七世紀に隋《ずい》の煬帝《ようだい》、唐の太宗が高句麗《こうくり》遠征の道すがら、この地方を繰り返し通過してから契丹人は成長をはじめ、九〇七年には耶律阿保機《やりつあぼき》（遼《りょう》の太祖《たいそ》）が契丹王となった。九一六年、阿保機は大契丹国皇帝と名乗り、モンゴル高原のタタル人に遠征したり、満洲東部の渤海《ぼっかい》王国を征服したりした。その後を継いだのが第二代太宗である。太宗は九三六年、後晋の建国を助けて、見返りに今の北京《ペキン》地方と山西《さんせい》省北部の大同《だいどう》地方を手に入れた。これを「燕《えん》・雲《うん》十六州の割譲」という。「燕」は北京、「雲」は大同のことである。

このときから契丹帝国、つまり遼帝国は、一一二五年にほろびるまで、満洲と、モンゴル高原と、中国の北辺の北京と大同を支配した。

契丹帝国に取って代わったのは、女直人《じょちょく》（女真人《じょしん》）の金《きん》帝国である。女直人は満洲北部の今の黒龍江省の狩猟民で、その名前はモンゴル語では「ジュルチェト」、満洲語では「ジュシェン」という。金帝国は契丹の領土を受け継いだ。モンゴル高原ではゴビ砂漠の北には支配が及ばなかったが、中国では淮河《わいが》の北の華北を北宋《ほくそう》から奪った。

この契丹（遼）も、金も、トルコ帝国から系統を引く北アジアの帝国で、中国の王朝ではない。

夷狄の強圧から生まれた「中華思想」

ここで話は少し前にもどって、十世紀の五代のことになる。

華北でトルコ人の王朝が二十七年間つづいたあと、九五〇年に郭威《かくい》という人がトルコ人の最後の皇帝を倒し、ついで即位して後周《こうしゅう》朝をはじめた。これが後周の太祖である。郭威はいちおう漢人ということになっているが、出身地は河北省の隆堯《りゅうぎょう》県で、まさに鮮卑《せんぴ》の唐の帝室と同じである。

後周は、九六〇年になって趙匡胤《ちょうきょういん》という近衛兵《このえへい》の司令官に乗っ取られ、趙匡胤は即位して皇帝となり、宋王朝すなわち北宋《ほくそう》朝をはじめた。これが北宋の太祖である。趙匡胤もいちおう漢人ということになっているが、出身地は北京で、まさに安・史の乱のトルコ人の安禄山《あんろくざん》の本拠地だったところである。

こうした例から考えると、十世紀から後の中国でいう「漢人」とは、南北朝や隋・唐の時代の漢人とはちがい、唐末・五代の戦乱でそれまでの社会の秩序が崩れて、人々がめちゃめちゃに混じり合って、ほんとうの身元がわからなくなった人々をまとめて呼ぶようになったものらしい。

北宋の太祖趙匡胤の後を継いだのは、弟の太宗趙光義《たいそうちょうこうぎ》だった。太宗は中国の統一をほぼ完成し、九七九年、最後に残った太原のトルコ人の北漢《ほくかん》王国をほろぼした。太宗は勢いに乗って祖先の故郷である北京を契丹帝国から取り返そうとしたが、北京の南の高梁河《こうりょうが》で契丹軍と戦って大敗した。北宋側の『宋史《そうし》』には「敗績」とひとこと書いてあるだけだが、契丹側の『遼史《りょうし》』によると、太宗はやっとのことで自分だけ脱出し、驢馬の引く荷車に身を隠して逃げ去ったという。

このときから北宋はずっと契丹の遼帝国に押されっぱなしで、とうとう一一二六年になって、契丹に取って代わった金帝国に首都の開封《かいほう》を攻め落とされ、淮河《わいが》以北の華北の本拠地を失うことになった。

この北宋時代に、「夷狄《いてき》」は軍事力では中国より強くても、文化も何もない劣等な人間以下の動物であり、「中華」は軍事力では夷狄にかなわないが、それゆえにこそ優秀なほんとうの人間であり、ほんとうの文明であるという、いわゆる「中華思想」が生まれた。これは自尊心を傷つけられた漢人の病的な心理から出た、くやしまぎれの言いわけにすぎないが、この「中華思想」は現在にいたるまで中国人の外国に対する態度を支配している。

チンギス・ハーンがつくった帝国

チンギス・ハーンは本名をテムジンという。東方系のモンゴル文や漢文の史料では、一一六二年に生まれたことになっている。西方系のペルシア語の史料では、一一五五年に生まれたといわれている。別に、一一五四年生まれという史料もあって、どれがほんとうかは定かではない。

そのため、チンギス・ハーンが一二二七年に死んだときには、東方系の史料では数え年で六十六歳、西方系の史料では数え年で七十歳だったことになる。いずれにせよ、十二世紀の半ばすぎに生まれたことにはかわりない。

テムジンの家は代々、今のモンゴル国の東部のケンテイ山中にあった牧地にあり、当時のモンゴル部族の住地のいちばん西の端だった。

ケンテイ山脈のすぐ西隣のトーラ河の渓谷にはケレイトという大部族があり、十一世紀のはじめにキリスト教に改宗した、すでに二百年の由緒のある遊牧王国だった。かれらのキリスト教はネストリウス派という宗派で、イラクのバグダードに教団本部があり、『聖書』や礼拝の用語はシリア語だったので、信徒のケレイト人たちも文字を持っていた。

テムジンの父イェスゲイは、当時のケレイト王トグリル・ハーンとアンダの関係を結んだ。アンダというのは、それぞれ大切にしている持ち物を交換して誓いを立てる関係で、義兄弟とでも言えよう。

当時、金帝国は、北方から辺境に侵入して掠奪を働くタタル部族の遊牧民に悩まされていた。タタル部族はモンゴル部族とも仇敵《きゅうてき》の間柄だったので、イェスゲイはタタル部族と戦い、テムジン・オゲというタタルの首領を捕らえてオノン河のほとりの自分のキャンプに連れて帰ってきたときに、ちょうどテムジンが生まれた、と伝えられている。オノン河は、ケンテイ山から東北に流れてシベリアに入る河である。

テムジンの若いときのことは、モンゴル人は文字を知らず、記録がなかったのでほとんどわからない。テムジンがはじめて歴史に姿を現すのは一一九五年のことである。この年、金帝国は大軍を動員して北方辺境のタタル部族を討伐し、同時に他の遊牧部族に呼びかけて敵の背後を突かせた。テムジンはこの呼びかけに応じて、タタル部族を攻撃して戦果をあげた。ケレイト王トグリル・ハーンも、この戦争に参加した。金の皇帝は、かれらの働きをめでて、トグリル・ハーンには「王」の称号を与えたので、彼はオン・ハーンとして有名になった。またテムジンには百人隊長《ひゃくにんたいちょう》の官職を授けた。

　これからテムジンは、父のアンダであったオン・ハーンを父と見なして仕え、二人は協力して、金の皇帝に敵対する遊牧部族を一つ一つ征服していった。

　テムジンは七年間、オン・ハーンと行動を共にしたが、ついに仲間割れを起こし、一二〇三年、オン・ハーンを倒してケレイト王国をほろぼした。次にモンゴル高原の西部のアルタイ山脈方面の大部族だったナイマンのタヤン・ハーンを倒し、ゴビ砂漠以北のあらゆる遊牧民を自分の軍旗のもとに集めた。

　そして一二〇六年の春、ケンテイ山脈のなかのオノン河の源の近くに、全遊牧部族の代表者を召集して大会議を開き、その席上でハーンに選挙されて、チンギス・ハーンという称号を採用した。

「ハーン」というのは、トルコ語の「カガン」と同じ言葉で、遊牧帝国の君主を意味する。また「チンギス」は、古いトルコ語で「勇猛な」を意味する「チンギズ」のモンゴル語なまりである。

　これがモンゴル帝国の建国であり、世界史の誕生の瞬間でもあった。

　チンギス・ハーンはそれまで金の皇帝の同盟者として振る舞ってきたが、一二一〇年、いよいよ金と絶縁することを宣言し、翌年からみずからモンゴル軍を指揮して華北に侵入を開始して、金の首都だった北京を攻め落とした。

つづいてチンギス・ハーンは西方へ向かい、ホラズムという、イスラム教徒のトルコ人が中央アジアから西アジアまでを支配していた大帝国に戦争を仕掛けた。そして七年間にわたった大遠征で、アフガニスタンを縦断して、今のパキスタンのインダス河畔にまで達した。また、彼の部下の一部隊はコーカサス山脈を南から北へ通過し、ヴォルガ河岸に達して、カスピ海の北を回って東にもどった。こうしてチンギス・ハーンは、西夏征伐を終えて亡くなるまでの二十一年間に、自分一代で大帝国をつくりあげたのだった。

帝国の絆は婚姻関係にあった

チンギス・ハーンにはたくさんの妻があった。主なハトン（皇后）は四人あり、それぞれ自分のオルド（移動宮殿）に住んでいた。オルドは高さが二十メートルほどの、サーカスの大テントのような形をし、そのなかに数千人が座れる広さがある。それぞれのオルドには数千のゲル（円形の組立家屋）がついており、ハトンの従者たちが住んでいた。つまり大規模な移動都市である。またオルドには、専属の軍隊と、人々に食糧を供給するための家畜の群もついていた。

四つの大オルドは、ふだんはケルレン河のほとりにキャンプを張っていたが、チンギス・ハーンが遠征をするときには、四人のハトンのうちの一人が選ばれて自分のオルドを率いて軍隊についていった。

チンギス・ハーン自身は、直属の親衛隊を率いて、皇后のオルドからオルドへ泊まり歩いた。皇后のオルドには、皇后のほかにも女性がいた。チンギス・ハーンには五百人の妻がいたといわれる。しかし、チンギス・ハーンは戦争で忙しかったため、たくさんの女性に子どもを産ませるひまはなかった。

四人のハトンのうち、男の子を生んだのはフンギラト氏族のボルテと、メルキト部族のフランだけである。ボルテはチンギス・ハーンの最初の妻で、ジョチ、チャガタイ、オゴデイ、トルイの四人の息子を産んだ。フランはコルゲンという息子を産んだ。

英語の「エンパイア」を日本語では「帝国」と訳すので、あたかも「皇帝が統治する国家」のように聞こえるが、帝国は国家ではない。帝国とは、政治上の決定権の及ぶ範囲のことにすぎない。遊牧帝国では、帝国を構成している部族・氏族のそれぞれは原則として自治で、ハーンはその内政に介入する権限はない。部族・氏族同士の間で紛争が起きたときだけ、ハーンが仲裁に入って解決した。遊牧帝国の外部に対しては、戦争も外交もハーンが全体を代表して指揮をとった。

多くの部族・氏族を結集して中心のハーン家に結びつけていたのは、婚姻関係の絆だった。遊牧民の婚姻は族外婚制度で、同じ部族・氏族内の、父方の先祖が同じ者同士の結婚は「血が濃くなる」といってきらった。これは家畜の交配の経験から得た知恵だろうが、あまり近親結婚を繰り返すと、繁殖力が落ちて子孫が絶える恐れがあるからだ。

チンギス・ハーンは、つぎつぎにいろいろな部族・氏族と同盟関係を結んだが、モンゴル帝国に参加した部族・氏族のほとんどは実力で征服されたのではなく、自発的に彼のもとに来て服従を誓約し、忠誠のあかしとして自分の娘をチンギス・ハーンに嫁がせたのだった。そういうわけで、たくさんの妻をめとるのは決して好色のためではない。遊牧帝国の統合を維持するうえに、婚姻関係はほかの何よりも重要だったからである。

部族長の娘は、嫁入りをするときにはかならず自分のオルドをもっていった。オルドには、多数の家臣や家畜や、その他の財産がついていていた。こうした妻が持参する財産は、政治上に重要な意味をもった。

嫁入り先に、妻は一人とは限らない。財産を持参して正式に結婚式をあげればみんな妻であるから、何人もの正妻から何人もの子どもが生まれる。男の子は、生まれた順番に関係なく、みんな平等に継承権がある。するとどうしても王位継承の争いが起きる。

皇帝たちの話になるとかならず後継者争いが起きるが、モンゴル帝国も例外ではなかった。君主の死後の後継者争いで最終的に決め手となるのが、母親の財産だった。新しい君主は、部族長・氏族長たちの大会議で選出される。母親が賢夫人で、ゆたかな財産と、すぐれた外交手腕にものを言わせて大会議で影響力をふるえば、その腹に生まれた息子は、後継者争いにおいて有利な地位を占めることができた。

また、母親の出身部族も後ろ盾として後継者争いで重要な役割を果たした。なぜなら、自分の部族から嫁に行った娘の息子がハーンになるかどうかは、出身部族にとっても死活にかかわる問題だったからである。

チンギス・ハーン家の四人の後継者

チンギス・ハーンの息子のうち有力だったのは、先に述べた最初の妻ボルテが産んだジョチ、チャガタイ、オゴデイ、トルイの四人であった。

遊牧民の習わしとして、息子たちは、年長の者から順番に家を出て自立しなければならない。実力主義の遊牧民には、長男が家を継ぐという風習はなかった。息子たちは年頃になると、嫁をもらって家を出ていく。一般の庶民だと、新婚生活に必要な家財道具や家畜はすべて妻の実家から出してもらうのだが、ハーンの皇子ともなるとそうもいかない。チンギス・ハーンの息子たちは、父親から軍隊を分けてもらって、それぞれ指定されたユルト（牧地）におもむいた。

長男のジョチには、今のカザフスタンの草原を与えた。ジョチ家が率いたモンゴル人たちの子孫は、ロシア連邦のタタルスタン共和国のタタル人、カザフスタンのカザフ人、ウズベキスタンのウズベク人になった。これらの人々は今ではトルコ語に近縁の言葉を話すので、トルコ人だと誤解されているが、もともとはモンゴル人である。

次男のチャガタイには、今の新疆《しんきょう》ウイグル自治区の天山《てんざん》山脈の北からカザフスタン東南部のバルハシ湖の南を通って、西はスィル・ダリヤ河に至るまでを与えた。

三男のオゴデイには、新疆ウイグル自治区の北部のジュンガル盆地を西に流れて、カザフスタンの東部のアラ・コル湖に流れ込むエメール河（額敏《エミン》河）のほとりを与えた。

四男のトルイは、モンゴル高原のチンギス・ハーンの本拠地で父のもとに暮らしていた。そのため、チンギス・ハーンが一二二七年に亡くなったとき、トルイは父の遺産の四つの大オルドの財産をそっくり引き継ぐことになった。

トルイには妻が何人もいたが、なかでもいちばん有力だった妻は、ソルコクタニ・ベキだった。

殿様のことをモンゴル語では「ノヤン」といい、トルコ語では「ベク」といった。今のトルコ共和国の言葉で男の敬称を「ベイ」というのは、この「ベク」からきている。また、古いモンゴル語では女性形は語尾に「イ」がつく。だから「ベキ」は奥方様の敬称である。

ソルコクタニ・ベキはキリスト教徒のケレイト王家の出身で、チンギス・ハーンの旧主人オン・ハーンの弟の娘という、きわめて高い身分であり、また非常な賢夫人として有名だった。このソルコクタニ・ベキから四人の息子が生まれた。長男のモンケ、四男のフビライ、五男のフレグ、六男のアリク・ブガである。かれら四人はすべてハーンになった。

フビライは一二一五年九月二十三日に生まれた。おそらく祖父のチンギス・ハーンのオルドで生まれたと思われる。フビライが生まれたとき、チンギス・ハーンはこの子を見て言った。

「わしの子どもたちはみな血色がよいが、この子は母方（ケレイト王家）の伯父たちのように色が浅黒い。ソルコクタニ・ベキに言って、よい乳母にあずけて育てさせよ」

孫の誕生から三年後の一二一八年、チンギス・ハーンは全軍を率いて中央アジアに遠征に出かけた。

一二二四年になって、チンギス・ハーンはやっと中央アジアの遠征から帰ってきた。十歳のフビライは弟フレグとともに、エメール河のほとりに祖父を出迎えた。その途中、フビライは一羽のウサギを射止め、フレグは一頭のシカを捕らえた。モンゴル人の習慣では、男の子がはじめての狩猟で捕った獲物の肉と脂で中指をこすってやることになっていたので、チンギス・ハーンはみずから孫たちのためにこの儀礼を行なった。

チンギスの死と後継者選出の大会議

一二二七年、チンギス・ハーンは今の寧夏回族自治区の西夏王国に出征し、最後の西夏王が降伏すると同時に病気で亡くなった。チンギス・ハーンの遺体はモンゴル高原を横切って運ばれ、ケンテイ山中の故郷の地に埋められた。チンギス・ハーンの墓は、いまだに発見されていない。

チンギス・ハーンの生前はチンギス・ハーン自身がモンゴル帝国そのものだったが、そのチンギス・ハーンがいなくなったので、後継者が緊急に必要になった。

遊牧帝国の君主は選挙制である。君主が生前にあらかじめ後継者を指名しておいても、死後に希望通りになるとは限らない。帝国を構成する有力な氏族・部族の代表者たちの大会議が召集されて、その席上で次の君主が選出されるのである。この大会議を、モンゴル語では「フリルタ」、トルコ語では「クリルタイ」または「クルルタイ」という。「フリ」は集まるという意味の動詞である。大会議に出席して議事に参加する資格があるのは、皇族、大臣、大将、部族長たちである。

ところが、モンゴル帝国はアジア大陸の端から端まで広がっていたので、会議のために集まるのに時間がかかる。チンギス・ハーンの死の二年後の一二二九年になって、ようやくモンゴル高原のケルレン河のほとりの、チンギス・ハーンの大オルドで大会議が開かれた。

このとき、次男のチャガタイが議長の席についた。こういう会議で議長をつとめるのは最年長の皇族の役割だが、長男のジョチはチンギス・ハーンに先立って死んでいたので、次男のチャガタイにその任がまわってきたのだった。

チャガタイは、二代目のハーンには三男のオゴデイが適任であるといい、全員がこれに賛成した。このチャガタイは厳格な人で、チンギス・ハーンが折々に出した禁令を守ることに関しては、彼ほどきびしい人はいなかった。そのため、寛大な人柄のオゴデイなら大帝国の統一を保てるだろうと考えて、全員一致でオゴデイをハーンに選んだ。

オゴデイは、自分の子孫に一塊の肉でも残る限り、ほかの家にはハーンの位を渡さないという条件で、ハーン就任を引き受けた。一二二九年のことである。

チンギス・ハーンが死んでからオゴデイが即位するまでの間、末子トルイはチンギス・ハーンのオルドを守り、華北の金帝国に対する作戦を継続していた。これがのちに、かれの息子フビライが元帝国をつくる布石となる。なぜなら、モンゴルの原則では、戦争によってある町を攻略すると、その作戦に参加したあらゆる皇族や部族が自分が供出した兵員の頭数に比例して、町の住民と財産を分け取れることになっていたからである。

金帝国の征服では、トルイが主となって作戦を行なったため、淮河以北の華北にはトルイ家の領地・領民がたくさんできた。その一つが北京である。ほかには山西省の太原《たいげん》、陝《せん》西《せい》省の西安《せいあん》、河南《かなん》省の開封《かいほう》などもあった。さらに、トルイの長男モンケは東ヨーロッパ遠征にも加わっていたので、そちらにもトルイ家の領地・領民ができた。

オゴデイ・ハーンは一二二九年に即位したのち、みずから金帝国征伐に出陣したが、一二三二年の夏、病気になった。秋に入って病気は重くなった。シャマンたちが集まって、おはらいをして、それに使った人形を水で洗っていた。ちょうどそこへトルイが到着した。兄思いのトルイは、天に向かって祈った。

「神様、もし罪をお怒りなのでしたら、わたくしの罪は、ハーンの罪よりもっと重うございます。わたくしは、戦争でもっと多くの男たちを殺し、かれらの妻子を奪い、かれらの親たちを奴隷にしました。ハーンをお取りになるのが、もし彼の顔立ちが美しく、態度が堂々としていて、多くのことを成し遂げたからならば、わたくしのほうが、もっと資格がありります。オゴデイの代わりにわたくしをお取り下さい。彼の病気をなおし、彼の病気をわたくしに負わせて下さい」

こう祈って、トルイはおはらいの人形を洗った水を飲み干した。するとオゴデイ・ハーンの病気は治った。それから兄弟は帰郷の道についたが、その途中、トルイは病気になり、四十一歳で亡くなった。

それから二年後の一二三四年、オゴデイ・ハーンの指揮下で行なわれた作戦で、金帝国はほろびた。

第二代オゴデイがつくったカラコルムの町

その翌年の一二三五年、オゴデイ・ハーンはモンゴル高原のオルホン河のほとりにカラコルムの町を建てた。カラコルムは今はハラホリンと呼ばれ、モンゴルを訪れる日本人旅行者が、かならず一度は見物に行く場所である。モンゴル国の首都ウラーンバートルから西南に三百六十キロ。途中まではいちおう舗装道路がある。ゲルのホテルに一泊して、翌日には着く。

現在のカラコルムは、当時の建物の基礎だった土盛りと、それを囲む土の城壁の跡が残っているだけだが、一つだけ、亀の形をした大きな石がある。かつてはこの上に碑が建っていたが、今は碑石はなくなってしまい、支えの石だけがあまりに大きいので運ばれずに残った。それ以外の石材は、一五八五年に建立された、すぐ隣のエルデニ・ジョーというチベット仏教の寺院に使われてしまった。

そのカラコルムのあるオルホン河の流域は、モンゴル国ではほとんど唯一、農耕ができる場所である。オゴデイ・ハーンは、カラコルムにオルホン河の水をひいて都市を建設した。

ところで、一カ所に定住しない遊牧民のはずのモンゴル人が、なぜ都市を必要とするのだろうか。

モンゴル高原は年間の降雨量が少なく、草の生え方もまばらなため、人間の命を支えるためには、家畜が移動して草を食えるような広い面積の土地が必要になる。多くの人間が一カ所に集まって生活しようにも、連れている家畜の数があまりに大きくなりすぎて、その土地の草を食べつくしてしまう。

しかし、遊牧帝国のハーンともなると、ハーンの宮廷には多数の家臣と大規模な軍隊が集結し、さらにそうした大人数の生活を支えるために、家畜の大集団が集まることになる。ハーンのオルド（大テント）は、春から秋にかけて草原で移動をつづけ、冬になると北風の当たらない暖かい場所で冬ごもりをする。都市はそうしたキャンプ地に近いところに建設され、オルドでの生活に必要な食糧やその他の物資の補給を担当する基地となっていた。

のちに第四代モンケ・ハーンの時代にカラコルムを訪れた、フランス出身のカトリック修道士ギヨーム・ド・リュブリュキの報告によると、カラコルムには二つの街区があった。一つはイスラム教徒の地区で、そこには多くの市場が開かれていて、たくさんの商人がここへ集まった。こうした市場は、いつも近郊にあるハーンの宮廷のためのものであり、また宮廷に来訪する多数の使節たちのためのものでもあった。ほかの一つの街区は、漢人の職人たちの街区だった。

この二つの街区のほかに、宮廷の書記たちの大邸宅があった。さらに道教や仏教の寺院が十二、イスラム教の礼拝堂（モスク）が二つ、町のいちばん端にキリスト教の教会堂が一つあった。町を囲む土の城壁には四つの門があった。東門では黍《きび》を売っており、ときどきはほかの穀物も出た。西門ではヒツジとヤギ、南門ではウシと荷車、北門ではウマが売買された。

ハーンの宮廷は、一年を通して草原を移動した。そして、ときどきカラコルムに立ち寄り、物資を補給しては再び離れていった。政治はハーンのオルドで行なわれたから、都市は経済の中心ではあったが、政治の中心ではなく、その意味ではカラコルムはモンゴル帝国の首都ではなかった。

カラコルムの町ができた一二三五年、オゴデイ・ハーンは、その近くの草原に大会議を召集した。モンゴル帝国の隅々から代表者を集めた大会議で議決されたのは、世界征服計画だった。なかでも最重要の計画は、ヨーロッパ征服作戦だった。

世界史を変えたヨーロッパ大遠征

オゴデイ・ハーンのヨーロッパ征服計画は、一二三六年の春から実行に移された。チンギス・ハーンの長男ジョチ家の次男バトゥが総司令官になり、彼の指揮下に、チンギス家の分家からそれぞれの代表が自分の軍隊を率いて遠征に加わった。チンギス・ハーンの次男チャガタイの家からは孫のブリ、三男オゴデイ・ハーンの家からは長男のグユク、四男トルイの家からは長男のモンケ、およびチンギス・ハーンとフラン・ハトンの間に生まれたコルゲンなど、多くの皇族が従軍した。

遠征軍は、まずウラル山中の、今のタタルスタン共和国の地にあったブルガル人の国を征服し、それから翌一二三七年、さらに西に向かってルーシの諸侯の町々を落としていった。ルーシというのはギリシア語では「ノルマン人」を意味し、九世紀にスウェーデンからバルト海を渡ってきて、東ヨーロッパに町々を建設し、スラヴ人、バルト人、フィン人を支配した種族である。のちのロシアという名称は、このルーシから出ている。

リャザンの町の攻略では、トルイ家の長男モンケが奮戦して武名をあげたが、コルゲン皇子はコロムナの町の攻略で戦死した。モンゴル軍はつづいて北コーカサスを征服しておいて、一二四〇年、今のウクライナの首都キエフを占領した。次にモンゴル軍は、ポーランドを荒らし、一二四一年四月九日、レグニツァでポーランド王とドイツ騎士修道会の連合軍を粉砕した。ついでハンガリーを蹂躙《じゅうりん》し、今のオーストリアの首都ウィーン南方に位置するウィーナー・ノイシュタットにまで達した。たまたま、オゴデイ・ハーンが亡くなったという知らせが前線にとどいたので、モンゴル軍はウィーナー・ノイシュタットの前面から引き揚げた。モンゴル軍の別の一部隊は、オーストリアから南下して、ダルマティアのアドリア海岸にまで達し、そこからセルビアを横断して東方に引き揚げた。

総司令官のバトゥは、そのままヴォルガ河畔に留まって自分の宮廷を開いた。これが白いオルド、つまり黄金のオルドで、バトゥの一族はこれから十八世紀まで約五百年間、ロシアに君臨した。いわゆる「タタルのくびき」である。モンゴルの支配からはじめて独立したロシアの君主は、ロマノフ家のピョートル一世（大帝、在位一六八二～一七二五年）である。

動揺するモンゴル帝国

ハーンが死んだあとは、次のハーンが決まるまでハトン（皇后）が政権をとるのがモンゴルの慣習である。これを漢語では、「監国皇后《かんこくこうごう》」という。オゴデイ・ハーンには四人の大ハトンがあり、第二ハトンのトレゲネはメルキト部族の出身で、五人の息子を産んだ。オゴデイの死後、トレゲネ・ハトンが監国皇后となり、自分が産んだ長男グユクを次のハーンにするために熱心に運動したが、なかなかうまくいかなかった。

オゴデイ・ハーンの生前の希望は、グユクではなく、三男コチュの長男シレムンが自分の後継者になることだった。シレムンは聡明で、トルイの長男モンケと仲がよかった。いっぽう、バトゥが指揮したヨーロッパ遠征作戦に従軍中に、グユクとモンケは仲違いしていた。バトゥは勇敢なモンケに好意をもっていた。

グユクとモンケは、北コーカサスで従軍中にオゴデイ・ハーンからの命令を受けて前線から引き返したが、かれらがモンゴル高原に帰り着いたとき、オゴデイ・ハーンはすでに亡くなっていた。監国皇后のトレゲネ・ハトンは、さっそく大会議を召集しようとした。しかし、ジョチ家の代表で皇族の最長老のバトゥは、ヴォルガ河畔に留まったまま、足の病気を口実にして出席を断わった。そのため、大会議は五年間も開催できなかった。とうとう一二四六年の春になって、モンゴル高原のオゴデイのオルドで大会議が成立し、グユクが第三代ハーンに選挙されたが、バトゥはやはり出席しなかった。

そこでグユク・ハーンは、バトゥと話をつけるために、一二四八年の春にモンゴル高原のオルドを出発して、エメール河畔の自分の牧地に向かった。しかし、もともとからだが弱かったグユク・ハーンは、その途中、酒の飲みすぎから、天山山脈の北のウイグル王国の首都ベシュバリク（今のウルムチの東方）で亡くなった。即位のわずか二年後のことだった。それから、グユク・ハーンの妻でオイラト部族出身のオグルカイミシュ・ハトンが監国皇后となったが、身びいきと浪費癖が強く、不公平で評判が悪かった。

このときバトゥは、ヴォルガ河畔を出発して、グユク・ハーンに会いに来る途中だったが、ハーンが亡くなったとの知らせを受けてイリ河畔に止まり、そこで大会議を召集した。しかしチャガタイ家とオゴデイ家は出席を拒否し、ジョチ家とトルイ家の皇族たちだけが参加した。

大もめにもめたあげく、一二五一年の夏になって、やっと第二回の大会議がモンゴル高原のケルレン河畔のチンギス・ハーンの大オルドで開かれ、ジョチ家とトルイ家が連合して、バトゥが推薦したモンケを第四代ハーンに選挙した。この成功は、まったくバトゥと、モンケの母ソルコクタニ・ベキの力のおかげであった。そしてただちにモンゴル帝国のあらゆるところで、チャガタイ家とオゴデイ家に対する大粛清が実施された。

この一二五一年の即位のとき、モンケ・ハーンは四十四歳、弟のフビライは三十七歳だった。こうしてトルイ家は、ついにモンゴル帝国の権力の頂上に登りつめたのである。

バイカル湖
黒龍江
大興安嶺山脈
山脈
カラコルム
ベシュバリク
カラホージョ
開元
遼河
上都(開平)
遼陽
元
浄州
ハミル
亦集乃
大同
開城
日本
大都
高麗
京都
豊州
沙州
粛州
太原
合浦
寧夏
甘州
黄河
大名
益都
大宰府
西涼
平陽
チベット
蘭州
鳳翔
奉元(長安)
蔡州
揚州
長江
襄陽
杭州
慶元
東シナ海
成都
合州
江陵
鄂州
温州
ラサ
瀘州
岳州
天臨
(長沙)
福州
思明
泉州
永州
ラヤ山脈
慶中
潮州
大理
広州
パガン朝
ガンガ川
交都
陳朝大越国
瓊州
驩州
西都
スコータイ
南シナ海
ガル湾
占城

ベルケ＝サライ
バトゥ＝サライ
ジョチ家
オゴデイ＝ハーン家
アラル海
バルハシ湖
エミール
アルマリ
カスピ海
ダブリーズ
スィル・ダリア河
アム・ダリア河
チャガタイ＝ハーン家
天山山脈
サマルカンド
ペルシア海
イル＝ハーン家
デリー
アラビア
シンドゥ川
デヴァギリ
ドーラサムトラ
アラビア海
セイロン

帝位継承戦争の勝者、フビライ・ハーン

一二五一年に即位したモンケ・ハーンは、すぐ下の弟フビライをゴビ砂漠以南のモンゴル高原と華北の総督に任命し、南宋《なんそう》征伐を命じた。そのときフビライは、南宋を正面から攻撃するより、南宋の背後の雲南省の大理《だいり》王国を先に征伐した方がいいと主張した。

そこでモンケ・ハーンはフビライに領地として陝西省の西安を与え、フビライはその地に遠征の拠点となる宮殿をつくった。そして一二五二年、フビライは陝西省から軍を率いて東チベットの高原を南下し、今の雲南省にあったタイ人の大理王国を征服した。タイ人たちはこれがきっかけで雲南省から南下をはじめ、ラオスと北タイにひろがった。今でも雲南省には、多くのモンゴル人の子孫やイスラム教徒が住んでいるが、その原因は、この遠征によって雲南省がフビライ家の直轄地になり、モンゴル人やイスラム教徒がフビライ家につ

元の世祖フビライ・ハーン関連年表

1215
9月23日、フビライが生まれる

1215
マグナ＝カルタの公布（英）

1218
祖父チンギス・ハーンが中央アジア遠征に出発する

1221
承久の乱（日）

1224
フビライとフレグがエミルでチンギス・ハーンに謁する

1227
チンギス・ハーンの西夏遠征、死

1229
伯父オゴデイ・ハーンの即位

いて移住したためである。

一二五七年、モンケ・ハーンは、ケルレン河畔のチンギス・ハーンのオルドで大会議を召集し、その席上、華中・華南の南宋帝国に対する遠征計画を決定した。モンゴル高原の政務を末弟のアリク・ブガにゆだね、モンケ・ハーンはみずからモンゴル軍の本隊を率いて南下し、一二五八年の夏、今の寧夏回族自治区の南部の六盤山《りくばんざん》に基地をおいた。この六盤山は、ちょうど三十年前に祖父のチンギス・ハーンが亡くなったところである。

モンケ・ハーンは、六盤山から南下して四川省の盆地に攻め込み、南宋の合州城《ごうしゅうじょう》（嘉陵江《かりょうこう》のほとりの合川県、重慶市の北方）を包囲した。しかし南宋軍の抵抗が強くて城を落とせずにいるうちに、モンゴル軍の陣中で赤痢が流行し、モンケ・ハーンも自身も感染して、一二五九年八月十一日、合州城外の釣魚山《ちょうぎょざん》で亡くなった。

これより先、モンケ・ハーンの下の弟のフレグは、兄の命

1232　父トルイの死
1234　モンゴルが金を滅ぼす
1235　オゴデイ・ハーンがカラコルム城を建設する
1241　オゴデイ・ハーンの死／皇后トレゲネが摂政する
1241　モンゴル軍、レグニツァでドイツ・ポーランド軍を撃破
1246　従兄グユク・ハーンの即位
1248　グユク・ハーンの死／皇后オグルカイミシュが摂政する
1251　兄モンケ・ハーンの即位
1252

令を受けて一二五三年、イラン高原の征服に出発していた。フレグは一二五六年、アム・ダリヤ河を渡ってイラン高原に入り、一二五八年、バクダードを攻略してアッバース朝の最後のハリーファ（カリフ）・ムスターシムを殺し、さらにシリアに軍を進めていた。

そういうわけで、モンケ・ハーンが一二五九年に亡くなったとき、モンゴル帝国の政治の中心にいちばん近かったのは、モンゴル高原に居たアリク・ブガと、やはり南宋征伐に出陣していたフビライだった。

フビライは、これより先、モンゴル高原のゴビ砂漠の南の自分の本拠地から、河北省、河南省を通って南下し、南宋の鄂州城《がくしゅうじょう》（今の湖北《こほく》省の武漢《ぶかん》市）に向かって進軍していたが、その途中で、兄のモンケ・ハーンが合州城外で亡くなったという知らせを受け取った。しかしフビライは、すぐには引き返せなかった。部下のウリャーンハダイが雲南省からヴェトナムに進軍し、ヴェトナムから今の広西壮族《こうせいチワンぞく》自治区の南宋領

母ソルコクタニ・ベキの死／オグルカイミシュが処刑される／フビライが大理遠征を命ぜられる／フレグが西アジア遠征を命ぜられる

1253 フビライが京兆の分地を受ける／大理に入城する

1254 フビライが大理から帰る

1256 フビライが開平府城を建設する

1257 モンケ・ハーンが京兆・河南の会計監査を実施する

1258 モンゴルが南宋遠征を開始する

1259 合州の釣魚山でモンケ・ハー

に侵入、そこから湖南省を南から北へ縦断して、鄂州でフビライと合流しようと北上を続けていたからである。フビライは鄂州の包囲を続けながら南宋側と交渉し、和議を結んで、ウリャーンハダイの部隊を収容してから北方に引き揚げた。

　このモンケ・ハーンの死後、モンゴル高原のゴビ砂漠の北ではアリク・ブガ派が、南ではフビライ派が、それぞれ自派の勢力結集に奔走していた。フビライは翌一二六〇年の春、自分が建設した開平府《かいへいふ》という町（内モンゴル自治区の多倫《ドロン》県の西北）の近くで大会議を召集し、ハーンに選挙された。

　これと同時に、アリク・ブガもカラコルムの西のアルタン河というところで別の大会議を招集し、ハーンに選挙された。こうして、モンゴル帝国には、トルイ家出身の二人のハーンが対立するという異常事態が起こった。

　兄弟の間の内戦は四年にわたったが、フビライがカラコルムへの食糧の供給を禁止し、また盟友のはずだったチャガタイ家のアルグも、アリク・ブガの期待を裏切って、スイル・

ンの死／フビライが燕京に帰る／高麗がフビライに降る

1260
開平府でフビライ・ハーンの即位（四十六歳）／中書省を置く／アリク・ブガの即位／フビライが中統と建元する

1262
李璮の乱／皇子チンキムを燕王・守中書令とする

1263
枢密院を置き、チンキムを兼判枢密院事とする

1264
アリク・ブガがフビライに降る／至元と改元する

1266
アリク・ブガの死／ハイドゥがフビライに叛く

1268
御史台を置く

ダリヤ河とアム・ダリヤ河の間の、今のウズベキスタンの地をおさえてしまったので、窮したアリク・ブガは一二六四年、兄のフビライに降伏した。

こうしてフビライは、モンゴル帝国の筆頭のハーンとなったのである。

「大元」を建て「大都」を築く

フビライは、自分の所領全体の呼び名として、一二七一年に「大元」という国号を採用した。「大元」とは「天」を意味する。これが「元朝」の名前の由来である。このときまで、国号は王朝の創立者にゆかりのある地名を採用するものだった。契丹人の「遼」は、故郷のシラ・ムレン河が遼河の上流だからであり、女直人の「金」は、故郷がアンチュフ河といい、「アンチュン」は女直語で黄金の意味だったからである。例外は、王莽《おうもう》が西暦八年に建てた「新」が「新しい王朝」の意味であり、南朝の陳覇先《ちんはせん》が五五七年に建てた「陳」が「陳

1270
尚書省を置く／高麗の西京(平壌)を直轄領とする

1271
国号を大元とする

1271
マルコ・ポーロの東方旅行(〜1295)

1273
南宋の襄陽城が降る／チャブイに皇后、チンキムに皇太子の冊宝を授ける

1274
日本遠征が失敗する(文永の役)

1276
バヤンの軍が南宋の都臨安(杭州)に入城する

1277
シリギが反し、北平王ノムガン・右丞相アントンを捕らえ

氏の王朝」の意味だったぐらいのものだったが、モンゴル人の元朝にいたって、宇宙的なスケールの国号がはじめて出現したことになる。

こうして成立した元朝は、決して秦《しん》や漢のような中国式の王朝ではなく、北魏《ほくぎ》のような遊牧民が中国に入って建てた、いわゆる「征服王朝」でもなかった。元朝の本拠地はあくまでモンゴル高原であり、元朝の歴代の皇帝は、在位中、北京より南の中国には決して足を踏み入れなかった。

その北京の地に、フビライ・ハーンは大都《だいと》という都市を新たに建設した。これは、のちの明朝・清朝の時代の北京の市街を含んで、東と北に広がる広大な町で、トルコ語でカンバリク（ハーンの町）と呼ばれた。

しかしこの大都は、厳密にいうと元朝の首都ではない。フビライ・ハーンも、その子孫の元朝のハーンたちも、華北の平原の北の端、モンゴル高原から下りてきてすぐのところにある大都を、主として冬季の避寒キャンプ地、補給基地

る
1279　皇太子チンキムに朝政を参決させる
1281　皇后チャブイの死／日本遠征が失敗する（弘安の役）
1282　益都の千戸王著がアフマッドを殺す
1284　ノムガンとアントンが帰る
1285　皇太子チンキムの死
1287　ナヤンの反乱
1292　ジャワ遠征を命じる／皇孫カマラを晋王とする
1293　皇太子の璽を皇孫テムルに授

として利用した。春になると、ハーンの宮廷はモンゴル高原にもどって、夏から秋へと移動生活を続け、冬になるとまた大都に下りてきた。大都は同時に、漢人を統治する行政センターでもあった。

　ところで、これより先、金帝国をほろぼしたオゴデイ・ハーンは華北の新占領地で人口調査を実施したが、一二三六年の統計では百十一万戸という数字が出た。これで見ると、漢人の人数は、たった五百万人ほどしかなかったことになる。

　しかもこの「漢人」に含まれていたのは、北宋の時代からの漢人だけではなかった。のちの十四世紀の記録によると、当時の「漢人」には、北宋時代の漢人の子孫のほかに、契丹人、女直人、渤海《ぼっかい》人、高麗《こうらい》人を含んでいた。要するに、定住して都市生活を営んでいる種族をひっくるめて「漢人」と呼んだのである。

　フビライ・ハーンがモンゴル高原に建設した開平府の町は、昇格して上都と呼ばれたが、これも元朝の首都ではなく、春から秋にかけてハーンの宮廷がモンゴル高原の各地を移動中の補給基地であり、かたがた遊牧地帯に対する行政センターでもあった。

ける／ジャワ遠征が失敗する
1294
2月18日、フビライ・セチェン・ハーンの死（八十歳）／皇孫テムル・オルジェイト・ハーンの即位

朝鮮と南宋を制し、日本攻略を狙う

韓半島の高麗王国に対しては、オゴデイ・ハーンの治世の一二三一年から、モンゴル軍の侵入がはじまっていた。このころ高麗の実権を握っていたのは、崔氏《さいし》という軍人一家の幕府だった。崔氏は、高麗王国の都を陸上の開城から江華島《こうかとう》に移し、人民には、モンゴル軍が来たら山の上の城か海の中の島に逃げ込むよう命令して、三十年近くもの間、抵抗を続けたが、一二五八年に至って、江華島のなかでクーデターが起こって崔氏の政権が倒れたので、高麗王国は抵抗の力を失ってモンゴルに降伏することになった。

たまたまモンゴルに降伏を申し入れに行った高麗の太子（のちの元宗王《げんそうおう》）は、四川《しせん》省の陣中のモンケ・ハーンを追いかけて行く途中でハーンの死を知り、鄂州の前線から引き揚げてくるフビライに北京の郊外で面会した。フビライは大いに喜んだ。

これ以後、高麗国王はフビライ・ハーンの宮廷で高い地位を与えられることになった。元宗王の息子の忠烈王《ちゅうれつおう》はフビライ・ハーンの皇女クトルグ・ケルミシュと結婚し、その腹に生まれた忠宣王《ちゅうせんおう》の子孫の高麗国王たちも代々元朝の皇女の婿となり、ハーンの側近にあってモンゴル風の宮廷生活を送っていた。

フビライ・ハーンは、一二六八年、南宋に対する作戦を再開した。モンゴル軍は、漢江のほとりの南宋の要塞、襄陽城《じょうようじょう》（湖北省襄樊市《じょうはんし》）を包囲したが、南宋軍は勇敢に抵抗した。五年間の包囲が続いたのち、一二七三年になって、襄陽はようやく落城した。これで南宋の臨時首都、臨安《りんあん》（浙江省《せっこうしょう》杭州市《こうしゅうし》）への通路が開けた。バーリン氏族出身の将軍バヤンの指揮するモンゴル軍は、漢江《かんこう》を下って一二七五年、鄂州（武漢）を占領し、ここから長江を下って一二七六年、臨安を占領した。バヤンは南宋の最後の皇帝で当時六歳の瀛国公《えいこくこう》を捕らえ、フビライ・ハーンのもとに連れていった。こうして南宋帝国は滅亡した。南宋の残党が華南の福建省《ふっけんしょう》や広東省《カントンしょう》でしばらく抵抗をつづけたが、一二七九年までにはすべて片づいた。

これによって、元朝による中国統一が完成した。このことは、北アジアの遊牧民・狩猟民の帝国の系列が、トルコ帝国―ウイグル帝国―契丹人の遼帝国―女直人の金帝国という段階を踏んで成長して、モンゴル人の元帝国にいたって、ついに隋・唐以来の中国を完全に呑み込んでしまったことを意味する。これからあとの中国は、もはや独自の「天下」ではなく、モンゴル帝国の歴史の一部になるのである。

こうしてフビライは、世界帝国のハーンでありながら、中国の皇帝をも兼ねる、歴史上はじめての君主となった。

この南宋に対する作戦の一部として、フビライ・ハーンのモンゴル軍は、二回にわたり日本に遠征している。

一二七四年の第一回の日本遠征（文永の役《ぶんえい》）には、高麗王国の情勢がからんでいる。モンゴルに降伏したあとも、高麗の宮廷は江華島から出たがらなかった。開城のもとの首都に帰るようさんざん督促されて、高麗の元宗王の宮廷は一二七〇年になって、やっと江華島を出ることになったが、もと崔氏の私兵の精鋭部隊だった三別抄《さんべつしょう》は、これをいやがって反乱を起こし、別に王をかついで脱走して全羅南道《ぜんらなんどう》の珍島《ちんとう》に逃げ込んだ。モンゴル軍と高麗軍は、連合して珍島を攻め落とした。三別抄はさらに珍島を脱走して耽羅島《たんらとう》（済州島《さいしゅうとう》）に逃げ込んだ。一二七三年になって、耽羅島の三別抄はやっと平定された。済州島はそれまで独立の王国だったが、この事件からフビライ家の直轄領になり、モンゴル馬の牧場がここに置かれた。これはモンゴル軍が南宋の襄陽城を攻め落とした直後のことだった。

三世紀の「魏志倭人伝《ぎしわじんでん》」以来、大陸では、日本列島は南北に細長く伸びて、華南の東方海上に達していると思われていた。それでフビライ・ハーンは、南宋に対する作戦の一環として、日本列島を占領して背後から南宋を突こうと考え、一二七四年、モンゴル・高麗連合軍を送って日本を攻め、北九州に上陸を試みたが、失敗に終わった。

一二八一年の第二回の日本遠征（弘安《こうあん》の役）も、南宋に対する作戦と関係がある。一二七九年に南宋の残党の掃討作戦が完了したので、フビライ・ハーンは、旧南宋の水軍を五島《ごとう》列島に回航させ、これを中核部隊として、再び北九州に上陸作戦を試みたが、またも失敗した。

このほか、フビライ・ハーンは、サハリンや台湾やジャワ島に対しても海を越えて軍隊を送って征服を試みたが、いずれも失敗に終わり、モンゴル帝国を海外に広げることはできなかった。

海外への発展には失敗したが、南宋の征服によって、フビライ・ハーンは大きな財産をつくった。なかでも、南宋の宮中からフビライ・ハーンのもとに運ばれた宝物は、元朝の皇帝たちから明朝・清朝・中華民国へと伝えられ、今では台北《たいほく》の故宮博物院に収蔵されている。

行政機構を整備し、モンゴル文字を開発

モンゴル帝国には全体を統治する中央政府はなく、多数の領主のウルス（所領）の集合であった。それらの領主たちのなかで筆頭の地位を占めたのが、フビライ家の元朝皇帝だった。

その元朝でも、フビライ・ハーンは唯一の領主ではなかった。もと金領だった満洲・華北、もと南宋領だった華中・華南などの定住地帯は、征服の当時に、作戦に参加した皇族や将軍たちに分け与えた領地・領民がモザイク状に入り混じっており、その間のあちこちにハーンの直轄領が散在しているという状況だった。

こうしたフビライ・ハーンの所領を経営し、かたわら他の皇族やモンゴル貴族たちに代わってその所領を差配したのは、中書省《ちゅうしょしょう》という役所だった。

中書省は大都におかれ、モンゴル高原のゴビ砂漠以南と、華北の山東省・山西省・河北省を管轄した。中書省の直轄地以外の地方には、中書省から出向した行中書省《こうちゅうしょしょう》という役所をおいて、その地方の定住民を管理した。

ほかの役所としては尚書省《しょうしょしょう》があり、商業に投資し、鉱山や工場を経営して、フビライ・ハーンの私的財産の利殖に従事した。治安を担当する枢密院《すうみついん》は、フビライ・ハーンの参謀本部であった。御史台《ぎょしだい》は行政の監察機関である。

このようにフビライ・ハーンは官庁の機構を整備するいっぽう、文化の面でも業績を残した。有名なものにパクパ文字がある。

チベット仏教のサキャ派の教主に、サキャ・パンディタという高名な学僧があった。オゴデイ・ハーンの次男のゴデン皇子はチベットの征服を担当していたが、サキャ・パンデイタをチベット代表として、自分の牧地のある涼州《りようしゆう》（甘粛省武威県《かんしゆくしようぶいけん》）に召し寄せた。サキャ・パンディタは、自分の甥のパクパを伴って一二四六年に涼州に到着し、一二五一年、七十歳で涼州で亡くなった。ゴデンはモンケ・ハーンと仲が良かったので、同年のモンケ・ハーンの即位からはじまった大粛清のなかでも無事だった。一二五三年、フビライが兄モンケから西安を領地としてもらって到着し、涼州に留まっていたパクパをゴデンからもらい受けて、自分の侍僧にした。

一二六〇年、フビライがハーンになると、パクパに国師《こくし》の称号と玉印を授け、新しいモンゴル文字をつくることを命じた。パクパがつくった文字は、横書きのチベット文字のアルファベットを改良して縦書きとしたものである。フビライは、この新モンゴル文字を一二六九年に公布して国字とした。こののちは、ハーンの詔勅のモンゴル語の本文はこの文字で書き、それに地方ごとの文字で書いた訳文を付けることになった。その功によって、パクパは帝師《ていし》・大宝法王《だいほうほうおう》の称号を授けられ、フビライ家の支配圏内の仏教教団すべての最高指導者となり、またパクパの実家のコン氏族は、モンゴルのチベット総督の地位を世襲することになった。

モンゴルでは、モンゴル語をウイグル文字で書く習慣がすでに確立していたので、せっかくつくったパクパ文字はあまり普及しなかった。しかし、パクパ文字は、元朝の支配下の韓半島の高麗王国に伝わり、その知識が基礎となって、高麗朝に代わった朝鮮《ちょうせん》朝の世宗《せいそう》王《おう》がハングル文字をつくり、それを解説した『訓民正音《くんみんせいおん》』という書物を一四四六年に公布したのだった。そういうわけで、フビライ・ハーンがパクパ文字をつくらせたおかげで、今の韓国語・朝鮮語があるのだといえる。

フビライの後継者たちの混沌

フビライ・ハーンは、祖父のチンギス・ハーンと同じように、四つのオルド（移動宮廷）を持っており、それぞれのオルドには正式に結婚したハトン（皇后）たちが住んでいた。フビライ・ハーンには、それらのハトンたちから生まれた十二人の息子があった。最愛の妻は、フンギラト氏族出身のチャブイ・ハトンだったが、このハトンは四人の息子を産んだ。長男のドルジ、次男のチンキム、三男のマンガラ、四男のノムガンである。

長男ドルジは体が弱く、早くに死んだ。フビライ・ハーンはチンキムに自分の後を継がせたいと思い、チンキムを燕王《えんおう》に封じて、中書省と枢密院の監督権を与えた。そしてついに一二七三年にはチンキムを皇太子に立て、チャブイ・ハトンには皇后の称号を授けた。

いっぽう、中央アジアではオゴデイ・ハーンの孫のハイドゥが立ち上がって、一度トルイ家に取りつぶされたオゴデイ家を再興し、チャガタイ家と同盟し、ジョチ家の後援を得て、一二六八年にはついにフビライ・ハーンに対して開戦した。ハイドゥは生涯に四十一回戦って常に勝ったといわれるほどの戦争の天才だったので、元朝は、大軍を西北辺境に集結させ、たえず防戦につとめなければならなかった。

フビライ・ハーンの四男ノムガンは北平王《ほくへいおう》に封ぜられて、モンゴル高原の防衛を担当していたが、一二七七年、部下のシリギ（モンケ・ハーンの息子）に裏切られて、ハイドゥに引き渡された。

ハイドゥと連合したシリギの軍は、深くモンゴル高原に侵入してきた。南宋を征服したばかりの元朝の将軍バヤンは、急遽フビライ・ハーンに呼びもどされて、オルホン河畔で反乱軍を撃破した。なおノムガンは、ハイドゥのもとからジョチ家のバトゥの孫のモンケ・テムルのもとに送られ、ヴォルガ河畔の白いオルドに抑留されていたが、一二八四年になってやっと釈放されて元朝に帰ることができた。

その後、フビライ・ハーンは自分の財産の大部分を、皇太子チンキムに譲った。

一二七九年、チンキムは六十五歳の父フビライ・ハーンに代わって、あらゆる政務を決裁するようになった。このとき、チンキムの弟マンガラはすでに死に、ノムガンはハイドゥに捕らわれていたので、チンキムにはライバルはなかった。チンキムがフビライを継いで次のハーンになることはもはや決定的と思われた。ところが、そのやさき、チンキムは一二八五年、父に先立って急死した。

チンキムの未亡人であるフンギラト氏族出身の妃ココジン・ハトンには三人の息子がいた。カマラ、ダルマパーラ、テムルの三人である。

祖父のフビライ・ハーンは息子の次男のダルマパーラをかわいがったが、ダルマパーラは一二九二年、二十九歳の若さで祖父より先に亡くなった。そこで、フビライ・ハーンは、長男のカマラを晋王《しんおう》に封じてモンゴル高原の防衛を担当させ、ケルレン河畔にあるチンギス・ハーンの四大オルドを所領として与えた。

その間も、ハイドゥと元朝との戦争は西北方面で続いていた。一二八七年には東北方面でも、チンギス・ハーンの弟の子孫で満洲北部に所領をもっていたナヤンとハダンらが、ハイドゥと手を結んでフビライ・ハーンに対して反乱を起こした。

フビライ・ハーンはみずから出陣してナヤンをほろぼし、翌一二八八年にはチンキムの三男テムルを派遣してハダンを撃破させ、反乱を鎮圧した。こうして、東北方面の反乱はおさまったが、西北戦線では常にハイドゥが優勢であった。

一二九三年、フビライ・ハーンはモンゴル高原の防衛にあたっていた将軍バヤンを召還し、代わって孫のテムルに皇太子の印を授け、モンゴル高原防衛の総司令官として派遣した。

その翌年の一二九四年二月十八日、フビライ・ハーンは病死した。八十歳であった。

フビライの妻チャブイ・ハトンは一二八一年にすでに亡くなっていたので、チンキムの未亡人であったココジン・ハトンが空位の間の国政をあずかり、その夏、上都《じょうと》においてハーン位の継承者を決める大会議を召集した。

この大会議では、亡くなった皇太子チンキムの長男の晋王カマラと、三男のテムルのどちらがハーン位を継ぐべきかで論争が起こった。二人の皇子の母ココジン・ハトンは賢明な婦人であったから、二人に向かってこう言った。

「セチェン・ハーン（=フビライ）は、『誰であれ、チンギス・ハーンのビリク（格言）をもっともよく知る者が玉座に登るべきである』と仰せられました。ですから、さあ、お前たちはそれぞれチンギス・ハーンのビリクを唱えなさい、御出席の方々が、どちらがビリクをよく知っているか、おわかりになるように」

テムルは雄弁で暗記力がすぐれていたので、ビリクを上手に、美しい発音で朗誦した。いっぽうカマラはすこしどもりがあり、こうしたことには慣れていなかったので、とうていテムルには太刀打ちできなかった。大会議の出席者たちは異口同音に叫んだ。

「テムル皇子のほうがビリクをよく知っており、唱えるのもうまい。ハーンの位にふさわしいのは彼だ」

そこでココジン・ハトンは、「受命于天、既寿永昌」と刻んだ玉璽《ぎょくじ》をテムルに授けて、テムル・ハーンの即位が決定した。この玉璽は、ジャライル部族のムハリ国王の子孫の家にあったもので、秦の始皇帝がつくって漢の歴代の皇帝に伝わった玉璽だということであった。

フビライ・ハーンがはじめた元朝は、一二七六年から九十二年間、中国を支配したあと、一三六八年になって中国を失ってモンゴル高原に引き揚げた。しかしその後もフビライ家はモンゴル高原に生き残り（北元とも言う）、二百六十六年後の一六三四年になって満洲人に征服された。

第4章

明の太祖洪武帝朱元璋――貧民出身の皇帝が建てた最後の漢人王朝

宗教秘密結社出身の異端の皇帝

紀元前二二一年、秦《しん》の始皇帝《しこうてい》が「天下」をはじめて統一して、みずから皇帝と名乗ったのが中国の歴史のはじまりだった。中国の歴史は、とりもなおさず皇帝の歴史である。皇帝の権力が受け継がれるのに、もっとも大切なのは「正統」の理論だった。

中国でもどこでも、どんなに強大であっても、実力だけでは支配者になれない。被支配者は、支配者にくらべて圧倒的多数なものだ。その被支配者が支配者に協力しなければ、支配というものは成り立たない。そこで被支配者に、支配を受けることを同意させるだけの十分な法的根拠が必要だった。その根拠こそが、天命の「正統」である。そして、この「正統」を伝えることが、「伝統」という言葉の本来の意味である。

「正統」を受け継ぐ手続きは世襲が原則である。司馬遷《しばせん》の『史記《しき》』を見ると、神話時代の「五帝」のうち、最初に天下に君臨した「天子」は黄帝《こうてい》で、その次の四人の「帝」はみな黄帝の子孫である。それだけではない、夏《か》・殷《いん》・周《しゅう》・秦《しん》の王たちも、すべて「五帝」のどれかの子孫だということになっている。だから秦の始皇帝も、「天命」を受けた「正統」の天子だということで、問題はない。

さて、そうして「正統」を受け継いできたはずの中国皇帝のなかに、まったくの庶民から皇帝に成り上がった人物が二人いる。

一人は漢《かん》を建てた高祖劉邦《こうそりゆうほう》である。彼はやくざ的な人で、泗水《しすい》の亭長《ていちょう》という地方の顔役のようなものだった。祖先の名前もわからない、劉邦のような庶民が建てた前漢朝になると、もはや黄帝の子孫だと主張するわけにもいかない。

班固《はんこ》の『漢書《かんじょ》』によると、前漢の末、王莽《おうもう》が皇帝の位を乗っ取ろうとして、伯母の王太后《おうたいこう》に「漢伝国璽《かんでんこくじ》」という印章を引き渡すように要求した。かつて劉邦が軍を率いて秦の都咸陽《かんよう》に入城したとき、秦王子嬰《しえい》は降伏し、始皇帝の印章をさし出した。劉邦が項羽《こうう》を倒して皇帝の位についてから、その始皇帝の印章を引き続き使用することにしたので、それから歴代の前漢の皇帝は、その印章を受け継いで「漢伝国璽」と呼んだ。そんな由来がある。

結局、王莽はこの印章を手に入れてみずから皇帝になるのだが、この『漢書』の記事には印文に何と刻んであったかは書いてない。しかし後世の文献では、「受命于天、既寿永昌」の八字だったとするものが多い。

この『漢書』の話の意味は、黄帝の子孫という系譜を持たない劉邦は、その代わりに、天命の正統の証拠物件として秦の始皇帝の印章を利用した、ということである。そしてこの玉璽《ぎょくじ》は、王莽以後も、「正統」を主張する君主たちの間で奪い合いの対象となった。

庶民から皇帝になったもう一人が、明朝の太祖洪武帝《たいそこうぶてい》、朱元璋《しゅげんしょう》である。

朱元璋の出身の低さは漢の高祖どころではなかった。彼は、乞食坊主から身を起こして皇帝までのぼりつめた。前王朝の皇帝の側近でもなければ、中国の外から入ってきた征服者でもない。皇帝へのアンチテーゼとして、後漢《ごかん》の時代から中国の裏社会に脈々と息づいてきた宗教秘密結社の出身である。そういう点で、朱元璋は中国の皇帝のなかで、もっとも異色な人物といえる。

前章までに見てきたように、中国の皇帝は非漢人のほうが普通だ。中国の皇帝だから漢人が当たり前だ、という考えは通用しない。漢人出身の皇帝が在位した期間は、そうでない皇帝の時代よりも短い。

秦の始皇帝から清朝最後の宣統帝《せんとうてい》までをざっと見ていくと、それがわかる。秦・前漢・後漢《ごかん》・三国《さんごく》・晋《しん》は、もちろん本来の漢人である。隋《ずい》・唐《とう》の皇帝は鮮卑《せんぴ》人である。五代《ごだい》・十《じゅっ》国《こく》の時代の華北《かほく》の五つの王朝のうち、最初の後梁《こうりょう》の朱《しゅ》氏は漢人だが、次の三つの王朝、後《こう》唐《とう》・後晋《こうしん》・後漢《こうかん》の皇帝はトルコ人である。後周《こうしゅう》の郭《かく》氏、北宋《ほくそう》・南宋《なんそう》の趙《ちょう》氏についてては疑問があるが、ここではいちおう漢人として数える。北京と大同《だいどう》を支配した遼《りょう》は契丹《きったん》人。華北を支配した金《きん》は女直《じょちょく》人。全中国を支配した元《げん》はモンゴル人。次の明は漢人だが、最後の清の皇帝は満洲《まんしゅう》人である。

秦の始皇帝が即位した紀元前二二一年から清の宣統帝が退位した一九一二年までのスパンをとり、漢人が皇帝だった期間の長さと、皇帝が非漢人だとはっきりわかる期間の長さをくらべてみると、全部で二千百三十二年間のおよそ四分の三が、非漢人の皇帝の時代だとわかる。

というわけで、皇帝制度は中国文明の本質ではあるが、その皇帝は非漢人のほうが圧倒的に多いのだから、中国文明は漢人の専売特許ではない。

そういった中国文明の本質を理解するために、ここでは朱元璋のような異色な皇帝の物語をとりあげる。

フビライ死後、元朝帝室を揺るがす内争

朱元璋は、一三二八年十月二十一日に生まれた。ときは元朝が中国を支配していた時代の末期で、これから四十年後に、朱元璋の手によって元朝は中国から追い出され、故郷のモンゴル高原にもどることになる。

これはよく誤解されるが、元朝は一三六八年にほろんだのではない。フビライ家の元朝はその後もモンゴル高原で存続し、朱元璋の子孫たちの明朝を悩ませ続け、十七世紀になって、一六三六年の満洲人の清朝の建国に参加するのである。

ところで、朱元璋が生まれた年に元朝では泰定帝《たいていてい》イェスン・テムルが亡くなり、帝位継承をめぐって大規模な内戦が起こった。その遠因は、世祖《せいそ》フビライ・セチェン・ハーンの時代にさかのぼる。

前章で言ったように、フビライ・ハーンの正妻チャブイ・ハトンは、モンゴルのフンギラトという有力な氏族の出身であった。その腹から生まれた次男のチンキムを、フビライ・ハーンは皇太子に指名し、自分が征服戦争によって一代の間につくった領地・領民などの財産の大部分を与えた。

しかし、皇太子チンキムは、父のフビライ・ハーンより先に死んでしまい、その莫大な遺産を管理したのは、やはりフンギラト氏族出身の皇太子妃ココジン・ハトンだった。フビライ・ハーンの死後、ココジン・ハトンは、自分の腹に生まれた三男テムルを次の皇帝にした。これが元の成宗《せいそう》オルジェイト・ハーンである。

こののち、元朝の宮廷にはフンギラト氏族が栄耀栄華をほしいままにする時代が訪れる。フンギラト氏族は、ちょうど日本の平安時代の藤原氏のような存在だった。藤原氏が権力を独占していた間は、藤原氏の娘から生まれた皇子でなければ天皇になれなかったが、元朝も同じで、フンギラト氏族出身の皇后の腹から生まれた皇子でなければ皇帝になれない状態がつづいた。

一三〇七年、成宗皇帝が亡くなった。皇子がなかったので、バヤウト氏族出身のブルガン・ハトンが監国皇后《かんこくこうごう》となり、フビライ・ハーンの三男マンガラの息子の安西王《あんせいおう》アーナンダを西安《せいあん》から呼び寄せ、帝位につけようとした。

これが実現すると、フンギラト氏族は帝室の姻戚の地位を失うことになる。フンギラト派の貴族たちは、成宗の兄ダルマパーラの次男アーユルパリバドラをおし立ててクーデターを起こし、アーナンダを殺し、ブルガン・ハトンを追放した。

アーユルパリバドラの兄のハイシャンは、当時、アルタイ山方面に駐屯して辺境の防衛を担当していたが、弟の迎えを受けて上都《じょうと》に帰り、皇帝の位についた。これが武宗《ぶそう》クルク・ハーンである。

武宗は、弟アーユルパリバドラに感謝して皇太子の位を与えたが、その代わり、アーユルパリバドラの次は武宗の息子が帝位を継ぐ約束であった。一三一一年に武宗が亡くなったとき、この約束通り、アーユルパリバドラが皇帝となった。これが仁宗《じんそう》ブヤント・ハーンである。

ところで、武宗・仁宗兄弟の在位中、ほんとうの権力を握っていたのは、二人の生みの母ダギ・ハトンで、フンギラト氏族の出身だった。一三二〇年、仁宗が亡くなった。先の約束では、こんどは武宗の息子が皇帝になる順番だったが、武宗の息子は二人とも、母はフンギラト氏族の出ではなかった。これをきらったダギ・ハトンは、約束を破って、仁宗の長男シッディパーラを皇帝に立てた。これが英宗《えいそう》ゲゲーン・ハーンである。

このころになると、さしも世祖フビライ・ハーンがつくった財産も分割相続につぐ分割相続の繰り返しで、皇帝のふところ具合もさびしくなり、官僚の給料も満足に払えないような窮状におちいっていた。

英宗は財政改革の必要を痛感し、一三二二年、ダギ・ハトンが亡くなったのを機に、政治体制の建て直しに着手した。これに猛反撥したフンギラト派の旧勢力は、一三二三年、英宗を暗殺した。

フンギラト派は、モンゴル高原に使者を送って、成宗の兄の晋王《しんおう》カマラの長男イェスン・テムルに即位を求めた。イェスン・テムルの母はフンギラト氏族の出身だったからである。イェスン・テムルはケルレン河畔のチンギス・ハーンのオルドで即位式を挙げ、同時に大都に軍隊を急行させて、英宗の暗殺に関与した連中をことごとく処刑した。イェスン・テムルは泰定という年号を採用したので、泰定帝として知られている。

一三二八年、朱元璋が生まれる少し前に、泰定帝イェスン・テムル・ハーンが上都で亡くなった。そしてフンギラト氏族出身の皇后から生まれた皇太子ラキパクが上都で即位したが、まだ幼かった。これが天順帝《てんじゅんてい》である。

いっぽう、大都では、エル・テムルというキプチャク人将軍が軍事権を握っていた。キプチャク人というのは、今のカザフスタンの草原の遊牧民で、トルコ語を話した。キプチャク人軍団は元朝の最精鋭部隊で、エル・テムルの祖父トゥクトゥカ、父チョングルが相継いで司令官となり、モンゴル高原の西境を守ってハイドゥと戦った実績をもつ。

エル・テムルは、キプチャク人軍団を指揮したクーデターで大都を掌握し、南方の江陵《こうりよう》（湖北省《こほく》江陵県）に流されていた武宗の次男トゥク・テムル（母は西夏《せいか》王国のタングト人）を大都に迎えて、皇帝におし立て、上都の天順帝の政権と開戦した。結局、大都のエル・テムル側が内戦に勝って上都は陥落し、天順帝は行方不明になった。

この内戦からあとの元朝では、フンギラト派の貴族の勢力は完全に失墜し、フンギラト氏族出身の母親から生まれた皇帝が即位することは二度となかった。フンギラト氏族に代わって宮廷の実権を独占したのは、近衛兵《このえへい》を指揮する将軍たちで、皇帝はかれらの操り人形にすぎなくなった。

その内戦と同じ一三二八年、朱元璋は安豊路の濠州《ごうしゆう》鐘離県《しようり》（今の安徽《あんき》省の鳳陽《ほうよう》県、蚌埠《ぼうふ》市の東方）に生まれた。しかし朱家は、もともとこの土地の人ではない。貧に迫られ、流れ流れてここにたどりつき、そこで朱元璋が生まれたのだった。

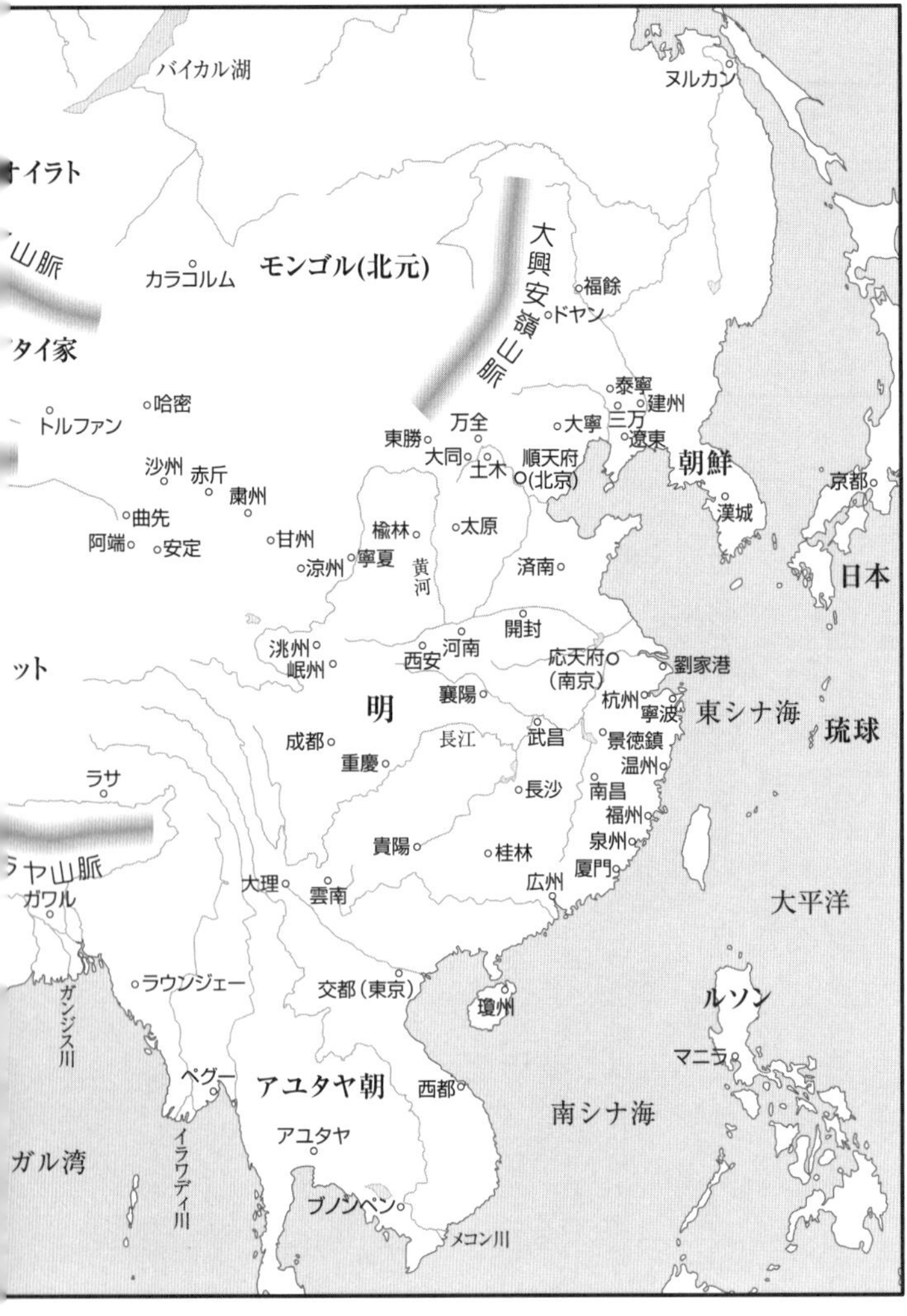
バイカル湖
ヌルカン
イラト
山脈
モンゴル(北元)
カラコルム
大興安嶺山脈
福餘
ドヤン
タイ家
泰寧
建州
哈密
トルファン
万全
大寧
三万
東勝
遼東
大同
順天府
土木
(北京)
朝鮮
沙州
赤斤
京都
粛州
曲先
漢城
楡林
太原
阿端
安定
甘州
寧夏
黄河
日本
涼州
済南
開封
洮州
河南
応天府
劉家港
ット
西安
岷州
(南京)
襄陽
杭州
寧波
東シナ海
明
琉球
成都
長江
武昌
景徳鎮
重慶
温州
ラサ
長沙
南昌
福州
貴陽
桂林
泉州
ヤ山脈
厦門
大理
広州
ガワル
雲南
大平洋
ラウンジェー
交都(東京)
瓊州
ルソン
ガンジス川
マニラ
ペグー
アユタヤ朝
西都
南シナ海
イラワディ川
アユタヤ
ガル湾
プノンペン
メコン川

サライ
ジョチ家
カスピ海
アラル海
バルハシ湖
シル川
アム川
天山山脈
コーカンド
サマルカンド
チムル家
ヘラート
ペルシア海
デリー
アラビア
インダス川
グルバルガ
ワランガル
アラビア海

社会の最下層に生まれた朱元璋

朱元璋の一家が濠州に移住したことには、元の世祖フビライ・ハーンが関係している。

朱元璋の祖先・朱初一《しゅしょいち》は農民で、もともとは江蘇《こうそ》省南京《ナンキン》市の東隣の句容《くよう》県に住んでいた。ところが一二八七年、フビライ・ハーンの命令によって、今の南京を中心とする七十カ所あまりの砂金採取場を管轄する淘金提挙司《とうきんていきょし》という役所がもうけられ、七千三百六十五人が砂金掘りの人夫に指定された。朱初一も不幸にして、その名簿に入ってしまった。

しかし南京には、砂金は出ない。朱初一は早くも翌年、家や田畑を捨てて、長男の朱五一《しゅごいち》と次男の朱五四《しゅごし》を連れて逃亡し、長江を北に渡って、今の安徽《あんき》省に移住した。

朱初一の死後、一家は離散し、朱元璋の父、朱五四は転々と流浪したが、結局、兄の朱五一を頼って、三人の息子を連れて濠州に行った。朱元璋が四人兄弟の末っ子として濠州で

明の太祖洪武帝朱元璋関連年表

1328
元の泰定帝イェスンテムルの死、内戦が起こる／朱元璋が濠州鍾離県(安徽省鳳陽県)に生まれる

1333
元の恵宗トゴンテムル(順帝)の即位

1344
旱魃・蝗害・飢饉・疫病により父・母・長兄を失う／皇覚寺に入って僧となり、乞食する(十七歳)

1347
三年の乞食の後、皇覚寺に帰る(二十歳)

1351
紅巾の乱が起こる／白蓮教主

生まれたのは、そうしたわけである。ちなみに、朱元璋の長兄の名前は朱重四《しゆじゆうし》、次兄は朱重六《しゆじゆうろく》、三兄は朱重七《しゆじゆうしち》だから、朱元璋の最初の名前は朱重八《しゆじゆうはち》だったにちがいない。いかにも社会の最下層の庶民らしい、符丁のような名前である。朱元璋が父朱五四の四男なのに名前が朱重八なのは、ころげこんだ先の朱五一の息子たちと合わせて、出生順に名前をつけたからである。

元朝の恵宗《けいそう》（順帝《じゆんてい》）トゴン・テムル・ハーンの治世の一三四四年、安徽省一帯は、大旱魃《かんばつ》とイナゴの大発生の被害で飢饉に見舞われた。さらに、飢饉につきものの疫病が起こり、朱元璋は、両親と長兄朱重四を亡くした。朱元璋が十七歳のときのできごとだった。

極貧のどん底の家を継いだ次男朱重六には、弟を養う力はなかった。朱元璋は、幼いときに親が坊さんとした約束を頼って、皇覚寺《こうかくじ》という寺に入った。しかし、村が飢饉ならば、寺にも当然余裕はない。朱元璋は小僧となって五十日目から

韓山童が「天下が乱れ、彌勒が下生し、明王が出る」と唱える（河北省）／教徒劉福通が朱皐に拠る（安徽省）／韓山童が元軍に殺される／徐寿輝が天完皇帝と称する（湖北省）／芝麻李・彭大・趙均用が徐州に拠る（江蘇省）

１３５２
郭子興らが濠州に拠る／朱元璋が郭子興の親兵となり、その養女馬氏を娶る（二十五歳）／丞相トクトアが徐州を討ち芝麻李を殺し、彭大・趙均用が濠州に走る／元将賈魯が濠州を囲む

１３５３
賈魯が死し、濠州の囲みが解ける

１３５４
郭子興が朱元璋及び徐達ら二

托鉢《たくはつ》の旅におもむいたのだった。お経もおぼつかない、それこそ名ばかりの坊主で、乞食同様の苦難をなめたにちがいない。三年間、各地を遍歴し、二十歳のときに寺に帰った。

その後、数年は平穏に暮らしたが、それもつかのま、元朝支配下の中国では漢人の反乱が続発して、戦火が朱元璋のいる濠州にも及ぶようになった。

宗教秘密結社は中国の裏の主役

元朝支配下の中国で反乱の口火を切った漢人は、浙江《せっこう》省の塩商人の方国珍《ほうこくちん》だった。方国珍は一三四八年、反乱を起こして海賊となり、江蘇省から福建《ふっけん》省にかけての海上で活躍して元朝を悩ませた。

これよりやや遅れて、白蓮《びゃくれん》教徒の反乱が河北《かほく》省に起こり、安徽省、江蘇省の穀倉地帯に広がった。

白蓮教の教義では、この世界はもうじき大混乱におちいり、人類は滅亡に瀕するが、そのとき救世主が出現して平和を回

十四人を遣わして滁州（安徽省滁県）を取りここに移る／トクトアが張士誠を高郵(江蘇省高郵県）に囲み、軍中で罷免される

1355 郭子興が張天祐・朱元璋を遣わして和州(安徽省和県)を取る／劉福通が韓林児を立てて大宋皇帝・小明王となし、龍鳳と建元し、亳州（安徽省亳県）に都する／郭子興の死／郭天叙・張天祐・朱元璋が長江を渡って太平路（安徽省当塗県）を取る／郭天叙・張天祐が集慶路(江蘇省南京)を攻めて敗死し、朱元璋が初めて一軍の長となる／元軍が亳州を囲み、劉福通・韓林児が安豊（安徽省臨淮関）に走る

1356

復し、弥勒仏《みろくぶつ》が人間の形をとって生まれて正しい教えを広め、幸福な新しい世界が実現することになっていた。これは一種の終末論で、もともとはペルシアのザラトゥシュトラ（ゾロアスター）教の系統の思想である。

白蓮教のような宗教秘密結社は、後漢《ごかん》の時代から中国にあった。一八四年に全国にわたって大反乱を起こした太平道《たいへいどう》の黄巾《こうきん》の乱（第2章参照）は、その最初の現れであった。宗教秘密結社は、基本的には信仰を同じくする都市の貧民の互助組織であって、どうにか生活を維持できる間は社会の表面に現れることはないが、社会の秩序がくずれると、しばしば革命化して反乱を起こした。

歴代の王朝の末期に、こうした宗教秘密結社の反乱が起こることが多かったのは、このためである。皇帝の歴史を表の中国の歴史だとすると、宗教秘密結社は裏の中国の主人公で、皇帝の体制と秘密結社の反体制は、中国の社会の両面だといえる。

朱元璋が集慶路を取り、これを応天府と改める／韓林児が朱元璋を呉国公に封じ、江南行中書省丞相に拝する（二十九歳）

1357
紅巾軍の北伐が始まる

1358
紅巾軍が汴梁(河南省開封)を取り、安豊から遷都する

1359
元軍が汴梁を回復し、韓林児らが安豊に退く

1360
陳友諒が徐寿輝を殺し、漢皇帝と称する／漢軍が応天府に迫り、朱元璋がこれを破る

1361
正月、朱元璋が韓林児を応天府に迎えて慶賀の礼を行う／朱元璋が江州(江西省九江県)

白蓮教徒の反乱の中心になったのは、韓山童《かんざんどう》という人だった。韓山童は祖父の代からの白蓮教の教主で、河北省の南部の永年県《えいねんけん》（邯鄲《かんたん》市の北隣）に教団本部をおき、そこから河南省、安徽省に布教して庶民の信仰を受け、この人こそ救世主だと信じられた。白蓮教の用語では、救世主を「明王」と呼ぶ。ペルシア系のザラトゥシュトラ教やマニ教やマズダク教でいう、光明の原理なる神を代表して、暗黒の原理なる悪魔と戦う王者のことで、キリスト教でいえば「メシヤ」、ギリシア語に訳せば「キリスト」である。

一三五一年、韓山童はいよいよ明王を名乗り、白蓮教徒は各地でいっせいに反乱に立ち上がる手はずであった。同志の標識として、紅い頭巾をつけたので、この反乱を「紅巾《こうきん》の乱」という。しかし事前に発覚して、韓山童は元軍に殺された。このとき朱元璋は二十四歳だった。

韓山童は殺されたが、息子の韓林児《かんりんじ》は助かって潜伏した。それでも紅巾軍の反乱はすでにはじまっていて、安徽省、河《か》

を取り、陳友諒が武昌（湖北省武漢）に走る

1363
張士誠が安豊を陥れ、劉福通を殺す／朱元璋が安豊を救い、韓林児を迎えて応天府に帰る／朱元璋が鄱陽湖に陳友諒を破りこれを殺す

1364
韓林児が朱元璋を呉王に進封する（三十七歳）／朱元璋が韓林児を源州に移す／朱元璋が武昌を取り、陳理を降し、漢を滅ぼす

1366
朱元璋が韓林児を源州から応天に迎え、瓜歩で長江に沈める／大宋の滅亡

1367
朱元璋が平江（江蘇省蘇州）を取り張士誠を捕らえる／朱元

南《なん》省、湖北《こほく》省、江蘇《こうそ》省に広がったので、元朝の宮廷は、華中の穀倉地帯との連絡を絶たれてしまった。一三五五年になると韓林児が姿を現して、亳州《はくしゅう》（安徽省北部の亳県）に本部をおき、小明王《しょうめいおう》・大宋《だいそう》皇帝を名乗った。

　これより先の一三五二年、二十五歳の朱元璋は、白蓮教徒で濠州の親分だった郭子興《かくしこう》の組員になり、すっかり気に入られた。朱元璋は郭子興の片腕となり、郭子興の養女の馬《ば》氏の婿《むこ》におさまって、子分たちの筆頭になった。

　韓林児が亳州で小明王になった一三五五年のこと、濠州では郭子興が死に、長男の郭天叙《かくてんじょ》が跡目を継いだ。このとき、長江の西岸の和州《わしゅう》（安徽省和県）には郭子興組の出店があり、郭子興の妻の弟の張天祐《ちょうてんゆう》があずかっていて、朱元璋はその次席だった。食糧が乏しくなったので、郭天叙は郭一家を率いて和州から長江を渡り、対岸の太平路《たいへいろ》（安徽省当塗《とうと》県）を占領し、ここに拠点をおいた。だが、進んで集慶路《しゅうけいろ》（南京市）を攻めたとき、元軍に敗れて、郭天叙も張天祐も戦死した。朱

璋軍が北伐を開始する

1368
朱元璋が応天で皇帝の位に即き、国を大明と号し、洪武と改元する（四十一歳）／徐達の明軍が通州に入る／元の皇帝トゴンテムルが上都に走る／応天を南京、開封を北京とする

1369
明軍が上都を取る

1370
皇子九人を封じて王とする／元の皇帝トゴンテムルが応昌で死し、皇太子アーユシュリーダラ（昭宗）が嗣ぐ／明軍が応昌を取る

1371
左丞相李善長が致仕し、汪広洋・胡惟庸を左右丞相とする／劉基が致仕する／日本王良

元璋は生き残って、郭一家の三代目親分となった。

一三五六年、朱元璋は二度目の攻撃で集慶路を陥落させ、応天府《おうてんふ》と改称して、ここに本拠をおいた。韓林児は、朱元璋に呉国公《ごこくこう》の爵位と江南行中書省平章政事《こうなんこうちゅうしょしょうへいしょうせいじ》・右丞相《うじょうしょう》の官職を授けた。こうして朱元璋は、紅巾軍のなかで重きをなすようになった。

元朝を放逐、「大明皇帝」となる

一三五七年、亳州の小明王韓林児の宮廷は、三個軍団の紅巾軍を華北の元朝に向かって出撃させた。一個軍団は、山西《さんせい》省を北上して大同からモンゴル高原に入り、上都を焼き払い、東に向かって遼陽《りょうよう》（遼寧《りょうねい》省の遼陽市）を攻め落とし、さらに鴨緑江《おうりよくこう》を渡って高麗《こうらい》王国に入り、国都の開城《かいじょう》をおとしいれ、引き返して遼陽からまた上都にもどった。第二の紅巾軍団は、陝西《せんせい》省、甘粛《かんしゅく》省、寧夏回族《ねいかかいぞく》自治区、四川《しせん》省で活動した。第三の紅巾軍団は、河北省、河南省、山東省で活動し、大都をお

懐の使いが朝貢する

1372
徐達が嶺北（カラコルム）で元軍に大敗する

1373
右丞相汪広洋が罷め、胡惟庸を右丞相とする／『大明律』を公布する

1374
高麗の恭愍王が殺され、王禑が嗣ぐ

1375
胡惟庸が劉基を毒殺する

1378
秦王樉（第二子、西安）・晋王棡（第三子、太原）が初めて国にゆく

1379
汪広洋を海南に流し、追ってこれを殺す

1380

びやかした。こうして元朝に対して優位に立ったので、韓林児の宮廷は一三五八年、亳州から北に移って、河南省の開封《かいほう》に都をおいた。

しかし紅巾軍の最盛期はここまでで、一三五九年には開封が元軍に攻め落とされて、韓林児の宮廷は、淮河《わいが》のほとりの安豊路（安徽省鳳陽県の東北）まで後退した。

一三六一年、朱元璋は自分の本拠地の応天府《おうてんぶ》（南京《ナンキン》）に韓林児を迎えて、盛大な礼をつくして正月を祝った。

一三六三年、江蘇省の軍閥の張士誠《ちょうしせい》が安豊を攻めた。朱元璋は韓林児の救援におもむいたが、間に合わず、安豊は陥落した。韓林児の宮廷はさらに南に後退して、滁州《じょしゅう》（安徽省滁県）に都を移した。このあたりは、朱元璋のもともとの地盤である。紅巾軍のなかでは、もはや朱元璋が最大の勢力になった。そして一三六四年の陰暦正月元日には、韓林児の勅命を受けて朱元璋は呉王《ごおう》の位につき、自分の政府をつくることを許された。

胡惟庸が謀反して殺される、連座して死する者一万五千余人／中書省を廃止する／大都督府を五軍都督府に分割する／御史台を廃止する

1381
黄冊を造り、里長・甲首を置く／雲南を征服する／元の梁王バザラワルミが自殺する

1382
馬皇后の死

1386
福建の白蓮会の彌勒仏祖師彭玉琳が謀反し捕らえられる／胡惟庸が明州衛指揮林賢を遣わして日本を招いたことが発覚する

1387
元のナガチュが降る

1388
明の藍玉が元の天元帝トクズ

ここまでくると、朱元璋にとって韓林児はお荷物になりはじめていた。一三六六年、朱元璋は部下の廖永忠《りょうえいちゅう》を滁州につかわして、韓林児を応天府に連れてこさせた。その途中、長江の瓜歩《かほ》の渡し場で船が転覆して、韓林児は溺死した。これはもちろん、朱元璋のさしがねだった。ついに紅巾政権のトップにのぼりつめた朱元璋は、これまで使っていた韓林児の年号「龍鳳《りゅうほう》」を廃止し、翌年を「呉元年」と呼ぶことにした。

翌一三六七年、朱元璋の軍は、平江路《へいこうろ》（江蘇省の蘇州《そしゅう》市）を攻め落として張士誠を捕らえ、応天府に連れ帰った。張士誠は降伏を拒否して自殺した。こうして華中のライバルをほろぼした朱元璋は、いよいよ北方の元朝の本拠地に向かって総攻撃を開始した。

一三六八年の陰暦正月、朱元璋は南京で天地を祭り、皇帝の位についた。みずから「大明《だいみん》皇帝」と名乗り、年号を洪武《こうぶ》とした。これが明の太祖洪武帝である。こうして明朝を建国したとき、朱元璋は四十一歳だった。

テムルを襲う／トクズテムルがイェスデルに殺される／イェスデルが即位する／高麗の李成桂らが王禑を廃し王昌を立てる

1390
胡惟庸が元の故臣封績を遣わして北元と通じたことが発覚する／李善長に死を賜う

1392
皇太子標（長子）の死／高麗の李成桂が王昌を廃し自ら王となる

1393
藍玉が謀反して殺される、連座して死する者一万五千余人／高麗に国号を朝鮮と賜う

1398
太祖（洪武帝）の死（七十一歳）／皇太孫允炆（建文帝）の即位

「大明皇帝」という称号には二つの意味がある。まず、「大明」は太陽のことである。第二に、「大明皇帝」は、韓林児の称号だった「小明王・大宋皇帝」に対して一段上だという意味を含んでいる。こうして、天の意味だった「大元」に対して、太陽の意味の「大明」が出現したわけである。

この間にも、大将軍徐達《じょたつ》の率いる明軍は北進をつづけ、九月十日、北京の東の通州《つうしゅう》の町を占領した。この知らせを聞いた元の皇帝・順帝トゴン・テムル・ハーンは大いに恐れ、夜半、大都城の西北門・建徳門《けんとくもん》から脱出して、居庸関《きょようかん》を通って長城を出て、モンゴル高原に逃げ去った。九月十四日、徐達の明軍は大都に入城した。こうしてモンゴル人の中国支配は、チンギス・ハーンが金の中都《ちゅうと》（北京）を攻め落とした一二一五年から数えて百五十三年で終わりを告げ、中国の歴史は明朝の時代に入った。

しかし先にも述べたように、元朝はほろびたのではない。モンゴル人の立場から見れば、故郷のモンゴル高原に引き揚げただけのことである。これからあと、モンゴル高原に生き残った元朝を、歴史の用語では北元《ほくげん》と呼ぶ。

大都から脱出したトゴン・テムル・ハーンは、上都（今の内モンゴル自治区のチャハル正藍《せいらん》旗《き》の地、多倫《ドロン》県の近く）に踏みとどまって、反撃の機をうかがっていた。そこで翌一三六九年、明軍はモンゴル高原に進攻して上都を攻め落とした。トゴン・テムル・ハーンは再び北に逃げ、ダル・ノール湖のほとりの応昌府《おうしょうふ》の町に留まっていたが、一三七〇年五月二十三日、そこで病死した。高麗人の皇后が産んだ皇太子アーユシュリーダラが位を継いだ。これが北元の昭宗《しょうそう》ビリクト・ハーンである。

その直後の六月九日、李文忠《りぶんちゅう》の指揮する明軍が応昌府を襲った。不意を突かれたアーユシュリーダラ・ハーンは、十数騎の部下とともに命からがら脱出したが、トゴン・テムル・ハーンの孫マイトレーヤパーラ、皇后たち、皇族たち、高官たち数百人が明軍の捕虜になった。

このとき、洪武帝が元朝をどう思っていたかを示す、面白いエピソードがある。

李文忠からの戦勝報告が南京にとどいた。戦勝報告のことだから、敵のモンゴル人について見下した表現が多かった。これを読んだ洪武帝は宰相に向かって言った。

「元朝が中国を支配した百年の間、わしとお前らの父母は、みな元朝のおかげで生きてこられたのだ。何でこんな思い上がった言い方をするのか。すぐ書き直せ」

このエピソードから見ると、洪武帝は普通に考えられるような反モンゴル、漢族第一の民族主義者ではなかったことがわかる。

「正統」の資格を得るための戦い

洪武帝はこのころ、
「天下（中国）は統一できたが、まだ三つ、片づいていないことがある。一つには、伝国璽《でんこくじ》が手に入っていない。二つには、ココ・テムルがまだつかまっていない。三つには、元の皇太子の消息がわからない」
と言ったということである。ここで伝国璽というのは、元の世祖フビライ・ハーンの死後、成宗テムル・オルジェイト・ハーンが即位するとき、母のココジン・ハトンが授けた玉璽のことで、皇帝の資格を象徴する宝物として歴代の元朝皇帝が持ち伝えたものだが、元のトゴン・テムル・ハーンが大都を脱出するときにモンゴル高原に持ち去っていたので、洪武帝の手に入らなかったのである。

ココ・テムルはカラコルムに拠っていた元の将軍であり、元の皇太子というのは、応昌府で明軍の奇襲をのがれて逃げ去った北元のアーユシュリーダラ・ビリクト・ハーンのことである。

この洪武帝の言葉からわかるように、当時の人たちの感覚では、軍事力で中国を制覇しただけではほんものの皇帝とは認められなかった。ほんものの皇帝になるには、それまで天命を受けて帝国を統治してきた正統の皇帝である元朝のハーンの身柄と、天命の正統の証明である伝国璽を確保し、さらにモンゴル高原を制圧してモンゴル人たちの臣従を取り付けねばならない。これが、正統の皇帝になる正規の手続きなのである。

むかしの中国の皇帝は、中国だけを支配し、前の王朝の皇帝から禅譲を受ければよかった。それで正統の皇帝の資格ができた。

しかし、フビライ・ハーン以来、中国だけの皇帝では皇帝の資格が十分ではなくなった。フビライ・ハーンはモンゴル帝国の宗主、筆頭のハーンであると同時に、中国皇帝でもあり、チベット仏教の最高の施主でもあり、高麗国王の義理の父でもあった。フビライ・ハーンがこうした東アジア全域の皇帝になったため、漢語の「皇帝」の意味内容が変わって、中国人だけを支配するのではほんものの皇帝ではない、何よりもまず、モンゴル人たちからハーンと認められなければならない、モンゴル帝国の大ハーンであってはじめてほんものの中国皇帝だ、とルールが変わった。

応昌府を占領した翌年の一三七二年、洪武帝は大将軍徐達《じょたつ》に十五万の大軍を率いさせて、ゴビ砂漠を横切ってまっしぐらにカラコルムに向かって進撃した。しかし、モンゴル軍の奮戦に会って、一万人以上の戦死者を出して作戦は失敗に終わった。

この敗戦によって、洪武帝が志したモンゴル帝国皇帝になる夢は破れた。

その当時の元朝と明朝の勢力分布を地図で見ると、華北・華中・華南は明朝の支配下に入ったが、雲南省《うんなん》は元朝が支配していた。雲南省は、フビライ・ハーンの孫のカマラの時代から、梁王《りょうおう》という称号をもつフビライ家の皇族が代々領地にしていた王国だった。

モンゴル人の雲南統治を助けているのは、中央アジアからきたイスラム教徒だった。今でも雲南省にはイスラム教徒が多い。一九四九年に蔣介石《しょうかいせき》の中国国民党に従って、雲南出身のイスラム教徒が多数、大陸から台湾に亡命してきた。いまでも、台北《たいほく》に行くと、雲南出身の人たちが経営する清真菜（イスラム料理）の料理店がたくさんある。中華料理では肉といえば豚肉だが、イスラム教徒は豚肉を食べてはいけないことになっているので、清真料理では豚の代わりにヒツジの肉を使う。また台北にはいくつもモスク（イスラム教徒の礼拝所）が見られるが、これも雲南省人のためのものである。

雲南省のほかに、青海省《せいかい》にも元朝の大きな勢力があった。満洲にも、ジャライル部族のナガチュ国王というモンゴル貴族の王家があった。韓半島の高麗国王家も、元朝の姻戚だった。

青海、雲南、満洲の元軍を制覇

これよりさき、北元の昭宗アーユシュリーダラ・ビリクト・ハーンはカラコルムに本拠地を移し、そこから明朝に対する抵抗をつづけていたが、一三七八年に亡くなった。この年、明の洪武帝は平西将軍沐英《へいせいしょうぐんぼくえい》を派遣して、青海省を征伐させた。沐英は青海省のモンゴル人とチベット人を征服し、翌一三七九年の冬になって南京に凱旋した。

洪武帝には二十六人の実子のほかに、二十数人もの養子があった。子どもの数が多ければ多いほど、将来の働き手になるため、いっぱんに中国人は養子をもらうことを好む。沐英はこのうちの一人で、小さいときは周舎《しゅうしゃ》と呼ばれ、馬《ば》皇后が自分の子どものようにかわいがった。洪武帝の皇太子朱標《しゅひょう》が生まれたばかりの赤ん坊だったころから、沐英は寝食をともにしてお守りをした。そういう意味で、沐英は文字通り、洪武帝の子飼いの将軍だった。

一三八一年、征南《せいなん》将軍傅友徳《ふゆうとく》と沐英らの率いる三十万の明軍は雲南省に遠征し、元朝の梁王バザラワルミという皇族は敗れて自殺した。それ以前は、雲南省はモンゴル領の王国であり、モンゴル領になる以前は土着のタイ族の大理《だいり》王国があった。大理王国のもとは、唐と対抗した南詔《なんしょう》王国だった。つまり、雲南省はそれまで中国領ではなかったが、このとき明朝に征服されて、はじめて中国の一部と見なされるようになったのである。沐英は征服後も雲南省にとどまり、その子孫は明朝の終わりまで、代々雲南省に駐在して事実上の雲南王だった。

一三八七年、洪武帝は満洲に二十万の明軍を派遣して、ナガチュが率いる元軍を征伐させた。ナガチュは明軍に降伏した。これによって、モンゴル高原の北元と韓半島の高麗王国の連絡は絶たれた。こうして洪武帝は中国の周囲の元朝領を一つ一つ切り落とし、モンゴル高原の北元を孤立させていった。

北元の昭宗アーユシュリーダラ・ハーンの後を継いだのは、その弟の天元帝《てんげんてい》トクズ・テムル・ウスハル・ハーンだった。

トクズ・テムル・ハーンは一三八八年、今のモンゴル国の東部のブイル・ノール湖畔に出張してきて、高麗王国と連絡を取り、協力して満洲の明軍を挟み撃ちしようと試みていた。そのときハーンは、明軍の奇襲を受けて大打撃を受けた。トクズ・テムル・ハーンは数十騎とともに脱走し、西方のカラコルムに向かったが、途中、トーラ河に達したとき、イェスデルという皇族に襲撃された。ハーンはまた辛うじて逃げ出して、カラコルムから来た迎えの兵と合流した。しかし大雪が降って二日間出発できないでいるところへ、イェスデルの軍に追いつかれた。ハーンは捕虜になり、弓の弦でくびり殺された。

このイェスデルという皇族は、むかしフビライとハーン位を争って敗れたアリク・ブガの子孫である。そういうわけで、こんどはアリク・ブガ家がフビライ家に勝って、イェスデルは即位して北元皇帝となり、ジョリクト・ハーンと名乗った。アリク・ブガが兄フビライに敗れて降伏してから百二十四年経って、アリク・ブガの子孫がフビライの子孫に復讐したことになる。

この一三八八年の悲劇からあと、北アジアの草原地帯の実権はオイラトという部族に移った。オイラトは、今のロシア連邦トゥヴァ共和国のイェニセイ河の渓谷を故郷とする大遊牧部族だった。このオイラト部族に、モンゴル高原の中部・西部のほかの大部族が参加して、反フビライ家の新しい部族連合が結成された。これを「四オイラト」（モンゴル語でドルベン・オイラト）と呼ぶ。これに対して、フビライ家を支持するモンゴル高原東部の元朝系の諸部族は、狭い意味のモンゴル人と呼ばれたので、北アジアでは東方のモンゴル人と西方のオイラト人が対立する形勢となった。

これから約半世紀、北元の帝位はアリク・ブガ家とオゴデイ家の間でめまぐるしく変転したが、十五世紀になって、再びフビライ家が復興することになる。


とにかく、明朝の皇帝の勢力が及んだ地域は、西南は雲南省から東北は満洲の遼河デルタまでとなった。ただし、満洲といっても、北は遼寧省の開原県《かいげん》までが限度で、そこから南の遼河デルタと遼東半島には明軍の基地がおかれ、軍政がしかれたが、一般人民の住む州・県はなかった。そして開原県から北の吉林省《きつりん》や黒龍江省《こくりゅうこう》には、明朝の直接支配は及ばなかった。のちに十六世紀になって明朝が築いた万里の長城は、東の端が山海関《さんかいかん》で渤海湾《ぼっかい》に達して終わっていて、遼河デルタと遼東半島はその外になっている。

こういうところから見ると、明朝は満洲を中国の一部と見なさなかったらしい。この時代にはまだ国境という観念はなかったが、中国といえば万里の長城から雲南省まで、という常識が確定するのが、だいたいこの時期である。

モンゴル帝国から独立した「朝鮮」の建国

元朝のフビライ家は高麗国王家と深くつながっていた。高麗国王は代々フビライ家の皇女を妃にもらっていた。明の洪武帝と同時代の高麗国王は、モンゴル語の本名をバヤン・テムルといい、韓半島の正史である『高麗史』では恭愍王《きょうびんおう》と呼ばれる。

恭愍王は、元朝のトゴン・テムル・ハーンの高麗人皇后と険悪な関係にあった。この皇后は奇《き》氏といい、トゴン・テムル・ハーンの後宮に入って、皇太子アーユシュリーダラを産んで第二皇后の地位を獲得した。

奇皇后の兄は奇轍《きてつ》、モンゴル名をバヤン・ブハといい、妹の地位を笠に着て、高麗の宮廷で横暴を極めた。忍耐の限度にきた恭愍王は一三五六年、抜き打ちのクーデターで奇轍とその一党を皆殺しにし、ときを移さず兵を出して、元の遼陽行中書省《りょうようこうちゅうしょしょう》（満洲）を攻撃し、そのころまで元領だった今の北朝鮮の咸鏡道《かんきょうどう》を占領した。

このとき、双城《そうじょう》（咸鏡南道の永興《えいこう》）にいた李《り》ウルス・ブハという女直人の酋長が高麗に降伏した。この李ウルス・ブハの息子が李成桂《りせいけい》である。李成桂は、高麗軍に入隊して武勇で名を知られ、一三六一～六二年の紅巾軍の高麗侵入のとき、奮戦して敵を撃退した。

奇氏一族の勢力を高麗国内から一掃すると恭愍王はただちにトゴン・テムル・ハーンと和解した。しかし奇皇后は恭愍王を恨み、とうとう一三六三年、高麗の王族の徳興君《とくこうくん》タス・テムルを高麗国王にかついで、遼陽の兵一万人を動員して韓半島に送り込もうとした。しかし遼陽軍は高麗軍に敗れ、この計画は失敗した。

そういう事情があったので、一三六九年に洪武帝の使者が高麗に到着して明朝の建国を通告すると、恭愍王はただちに洪武帝を新しい皇帝として承認した。

一三七〇年、トゴン・テムル・ハーンがモンゴル高原で死に、アーユシュリーダラ・ハーンがさらに北方にのがれると、恭愍王は高麗軍を満洲に派遣し、李成桂もこれに参加した。高麗軍は遼陽城を攻め落とし、遼河デルタを一時制圧した。この作戦は、この土地が歴代の高麗国王と結婚した元朝の皇女の領地であり、したがって、高麗王国の領土の一部であるという立場を主張するためのものだった。

一三七四年、高麗の恭愍王は暗殺され、養子のムニヌという名の王が後を継いだ。一三八八年、明軍がモンゴル高原に深く進攻して、北元のトクズ・テムル・ハーンが逃走の途中で殺されると、明の洪武帝は、もと元領だった咸鏡道の地を高麗からとりあげて明領にすると高麗に通告してきた。これに反撥した高麗のムニヌ王は、北元を助けるべく、再び高麗軍に満洲に進攻するよう命令した。

ところが、高麗軍が鴨緑江のほとりに達したとき、その副司令官であった李成桂は、もう一人の副司令官曹敏修《そうびんしゅう》と共謀して命令を拒否し、王都開城に向かって進軍し、ムニヌ王を廃位した。その四年後の一三九二年、李成桂はついにみずから高麗国王の玉座につき、明の洪武帝にこのことを報告した。洪武帝は、

「国号はどうあらためるのか、すみやかに知らせよ」

と返事をした。そこで高麗のほうでは、「朝鮮」と「和寧《わねい》」という二通りの国号候補を準備して、洪武帝に選択を請うた。洪武帝は、むかし前漢《ぜんかん》の武帝《ぶてい》にほろぼされた王国の名前である「朝鮮」を選んだ。「和寧」は、李成桂の故郷である双城（永興）の雅名だったが、同時に北元の本拠地であるカラコルムのことでもあったからである。

こうして高麗王国は、翌一三九三年から朝鮮王国と国号が変わった。「朝鮮」とは、明の洪武帝が韓半島に与えた名前なのである。これが朝鮮の建国である。こうして韓半島は、モンゴル帝国から分離して独立したのだった。

大粛清を余儀なくされた背景

洪武帝は、社会の最下層の貧民、それも乞食坊主から出発して白蓮教の秘密結社の内部の階段を一歩一歩のぼりつめ、四十一歳でついに皇帝になった。皇帝にはなったが、即位当時の洪武帝には、あまり行動の自由がなかった。洪武帝は、もともと郭子興《かくしこう》組の組員の一人だった。南京を占領して自前の政権をつくってからも、洪武帝を取り巻く側近は、全員が同じ組の出身の兄弟分だった。そういうわけで、皇帝と臣下とはいっても、実際にはたいして格のちがいがなく、みんな「貴様」、「おれ」の間柄だったからである。

当時、洪武帝の側近でいちばんの実力者だった李善長《りぜんちょう》という人は、洪武帝よりも十四歳も年上で、もともと洪武帝の直系ではなく、洪武帝自身と同じく郭子興の子分だった。だから洪武帝にしてみれば、李善長は大兄貴分というわけで、気安く命令するなど思いもよらず、遠慮しなければならない相手だった。

李善長は、洪武帝の中書左丞相《ちゅうしょさじょうしょう》（総理大臣）になった。それ以外の官僚のトップクラスも、はじめからの洪武帝の子分ではなく、郭子興の子分だった者たちだった。

そういうわけで、皇帝の位にはついたものの、洪武帝はたいへんやりにくかった。ことに文書行政に関しては、洪武帝は李善長にかなわなかった。

乞食坊主という出身から考えると、洪武帝は無筆だったと思われるかも知れないが、それは誤解である。台北の故宮博物院には、洪武帝の自筆の文書が残っている。皇帝は墨ではなく朱で字を書くのがきまりで、朱筆で書かれた立派な書である。洪武帝は、皇帝になってから、かなり書を練習したのだろう。

洪武帝の側近のうち、紅巾軍の出身でなかったのは劉基《りゅうき》という人だけだった。劉基は浙《せっ》江《こう》省青田《せいでん》県の人で、元朝の科挙《かきょ》の試験に及第して進士《しんし》となり、江浙儒学副提挙《こうせつじゅがくふくていきょ》（江蘇省・浙江省の儒者団の副団長）に任命されたことのある学者で、一三六〇年、まだ呉国公だった洪武帝に招聘《しょうへい》されて南京に行き、参謀になって、非常に信頼された。劉基はナマズひげをのばし、背が高くかっぷくがよく、しかも未来予知の能力にすぐれていた。劉基のあざなは伯温《はくおん》というが、劉伯温の予言集は、ノストラダムスの大予言のように、後世の中国で有名になった。

劉基は洪武帝の即位後、行政の監察をつかさどる御史中丞《ぎょしちゅうじょう》となり、大事な相談ごとにはかならずあずかった。自然、白蓮教徒出身の大臣たちとはおりあいが悪かった。

一三七一年、李善長が中書左丞相を辞任した。洪武帝は、後任として右丞相に汪広洋《おうこうよう》を、左丞相に胡惟庸《こいよう》を任命した。汪広洋は、一三五五年に郭子興が死んだあと、跡目を相続した郭天叙《かくてんじょ》が一家を率いて和州《わしゅう》（和県）から長江を渡って太平路（当塗県）を取ったとき、太平路で郭天叙の下にはせ参じた組員である。また胡惟庸は一三五五年、汪広洋よりも早く、和州で郭子興組に加入した古参の組員である。

このとき劉基は、妻が死んだので帰っていた郷里から洪武帝に呼びもどされて南京に滞在していたが、以前、洪武帝に人事について相談されたとき、汪広洋も胡惟庸も信用がならない、と率直に意見を言ったことがあった。そういう事情があったので、劉基は御史中丞《ぎょしちゅうじょう》を辞職して、故郷の青田県に隠居した。

しかし胡惟庸は、劉基を恨んで洪武帝に讒言《ざんげん》して、劉基の俸禄《ほうろく》を停止した。劉基は恐れて、南京に出頭して洪武帝におわびを言い、そのまま南京に滞在して故郷に帰ろうとしなかった。

一三七五年、劉基は南京で病気になった。胡惟庸が医者を派遣してきた。医者が処方した薬を劉基が飲んだところ、腹のなかに石のような塊ができた。洪武帝は劉基を故郷に送り返した。劉基は青田県の家に着くやいなや重態になり、一月で病死した。

洪武帝の「文化大革命」

そうした事情で、洪武帝の在位のはじめの十数年間は、軍政をつかさどる大都督府《だいととくふ》（参謀本部）は紅巾の軍人たち、中書省（内閣）はそれと気脈を通じている李善長、汪広洋、胡惟庸らのもと郭子興組員たちに占領されていて、洪武帝は皇帝とは名ばかり、腕をふるう余地は少なかった。洪武帝は、将来の独裁の布石として息子たちを王にすることにし、息子たちを通じて皇帝個人の軍隊の養成をすすめた。

洪武帝の年上の三人の息子は、秦王《しんおう》、晋王《しんおう》、燕王《えんおう》に封ぜられ、それぞれ西安、太原、北京に領地をもらい、現地には護衛《ごえい》という名の専属の軍隊が設立された。他の年下の息子たちも、それぞれ王に封ぜられた。しかし、みなまだ若かったので、領地には行かず、洪武帝の故郷の鳳陽に住んでいた。

一三七八年、諸王が二十代に入ったのを機に、洪武帝はいよいよ行動を起こした。秦王と晋王は、はじめて自分たちの領地におもむき、翌一三七九年、各自の護衛を率いて南京に帰ってくる。青海省の征伐に行っていた養子の沐英《ぼくえい》も、大軍を率いて南京に凱旋してくる。こうして、紅巾系でない、洪武帝直系の軍隊の南京集結は完了した。

その年末、洪武帝は突如、中書右丞相の汪広洋を罷免し、海南島《かいなんとう》に追放した。その途中で勅使が追いついて、汪広洋の首をはねた。

翌一三七九年、中書左丞相の胡惟庸も謀反の罪で逮捕され、ただちに死刑に処せられた。皇太子の指揮する皇帝軍は、南京城内の紅巾系の軍隊を襲撃して一万五千人を虐殺した。この事件を「胡惟庸の獄」という。

この胡惟庸の獄は、一九六六年に毛沢東《もうたくとう》が発動した「無産階級文化大革命」とよく似ている。毛沢東は中国共産党中央委員会主席の地位にあり、皇帝にひとしい権威をもっていたが、それは名前だけで、実際には、自分が一九五八年に発動した大躍進政策の失敗の責任を取らされて、実権はすべて毛沢東同様古い党員の国家主席劉少奇《りゅうしょうき》や、党中央委員会総書記鄧小平《とうしょうへい》、北京市長彭真《ほうしん》らに奪われていて、何一つ自分の意志は通らなかった。巻き返しをはかった毛沢東は、人民解放軍総司令の林彪《りんぴょう》元帥と手を結んだ。林彪は一九六五年の年末、広州《こうしゅう》市から自分の直系の軍隊を呼び寄せて北京に入れ、翌一九六六年四月、人民日報社を占拠した。人民日報社のすぐ隣は、党の最高幹部たちが住む中南海である。これは、人民解放軍が党に銃口を突きつけたことを意味した。こうして中国を震撼した文化大革命がはじまり、劉少奇を頂点とする中国共産党の組織は、毛沢東が煽動した紅衛兵《こうえいへい》と工場労働者の奪権闘争によって完全に破壊されたのである。

洪武帝の「胡惟庸の獄」のクーデターも、毛沢東の文化大革命と同じで、南京に集結した皇子たちの直系の軍隊と養子の沐英が率いる軍隊は、皇帝に仕える軍隊であるが、紅巾軍ではない。洪武帝はそれを使って、かつて同志だった紅巾軍を全面的に弾圧したのである。

洪武帝は胡惟庸事件につづいて、これまで行政と軍事の最高の中央官庁だった中書省と大都督府《だいととくふ》を廃止した。

中書省には六つの「部」、すなわち吏部・戸部・礼部・兵部・刑部・工部があった。吏部は人事院、戸部は大蔵省、礼部は外務省、兵部は防衛庁、刑部は法務省、工部は建設省に相当した。洪武帝は中書省を廃止し、六つの部がそれぞれ皇帝に直属するように改革した。言い換えれば、皇帝が総理大臣も兼ねることにしたわけである。

洪武帝はまた参謀本部に相当する大都督府を廃止し、前軍都督府、後軍都督府、左軍都督府、右軍都督府、中軍都督府の五つの司令部に分割した。つまり、皇帝が参謀総長を兼ねたことになる。また行政監察機関である御史台《ぎょしだい》も一時廃止されたが、やがて都察院《とさついん》と名前を変えて復活した。しかしその長官は一人ではなく、左都御史《さとぎょし》、右都御史《うとぎょし》の二人になった。皇帝が行政監察院の長官を兼ねたわけである。

こうして皇帝がすべての最高官庁の長官を兼任する形になった。こうした権力の集中は、「胡惟庸の獄」のおかげではじめて実現したのである。

日本を「不征の国」とした奇怪な話

なお、胡惟庸の関係で日本に対する洪武帝の態度について、ひとこと述べておく。

洪武帝が自分の子孫に残した遺言は、『皇明祖訓《こうみんそくん》』という書物になっているが、そのなかに「不征の国」として、手を出してはならない外国を十五列挙し、そのなかに日本も入っている。その理由として、次のような奇怪な話が伝わっている。

胡惟庸が洪武帝を暗殺しようとたくらんで、日本を引き入れて手助けをさせようとした。そのために、胡惟庸は寧波衛《ねいはえい》の指揮の林賢《りんけん》という者と手を組み、わざと林賢の罪を洪武帝に上奏して日本に追放し、日本の君臣と付き合わせた。それからまた上奏して林賢を復職させることにし、日本に使者をつかわして呼びもどすついでに、日本王に手紙を送って、軍隊を送って助けてくれるように頼んだ。林賢が日本から帰国するとき、日本王は、如瑤《じょよう》という僧に四百人あまりの兵をつけて遣わして林賢を送り、洪武帝への贈り物といつわって、巨大な蠟燭を献上したが、そのなかには火薬や刀剣が隠してあった。しかし如瑤の一行が南京に着いたときには、もう胡惟庸は処刑されていたので、計略は実行にいたらなかった。そのときは洪武帝もこの陰謀を知らなかったが、何年か経って陰謀が露見して、洪武帝は林賢の一族を皆殺しにした。そんなわけで洪武帝は日本に対して特に怒っており、日本と絶縁して、海岸の防備に力を入れた。日本を「不征の国」に数えたのはそんなわけだ。

この話は、どうも作り話くさい。むかしの紅巾仲間の流血の粛清を正当化するために胡惟庸の謀反話をでっちあげたついでに、洪武帝暗殺の計画に日本が加担したという話に発展したただけのことだろう。

モンゴル帝国に見習った衛所・里甲制

洪武帝が施行した明朝の地方制度には、きわだった特色がある。洪武帝は一三六八年の即位の直後、劉基と相談して、新しい軍隊編制をはじめていた。これが「衛所《えいしょ》制度」といわれるもので、人民を「軍戸」と「民戸」に分けて別々の戸籍に登録する。「軍戸」に指定された家柄は、代々職業軍人を出すことになる。

軍戸が構成する都市は「衛」と呼ばれ、民戸の「県」に相当した。衛の定員は兵士五千六百人、その司令官は指揮《しき》と呼ばれる。一つの衛の下には、五つの「千戸所」がおかれ、定員はそれぞれ兵士千百二十人、その指揮官は千戸《せんこ》（千人隊長）である。一つの千戸所の下には十の「百戸所」がおかれ、定員はそれぞれ兵士百十二人、その指揮官は百戸《ひやつこ》（百人隊長）、その下に下士官として総旗《そうき》（五十人隊長）二人、小旗《しょうき》（十人隊長）十人を任命する。こういった十進法の組織は、モンゴル帝国の軍事制度であった「トゥメン」（万人隊）、「ミンガン」（千人隊）、「ジャウン」（百人隊）、「アルバン」（十人隊）と同じである。

胡惟庸の獄のあとの一三八一年、洪武帝は全国いっせいに戸口調査を実施し、「黄冊《おうさつ》」という戸籍をつくった。この戸籍に登録された一般人民である「民戸」が構成する「県」の下には、百戸所に相当する「里」がおかれ、一つの里の定員は百十戸、その総代が里長で、その下には十個の「甲」をおき、それぞれの甲の総代が甲首、一つの甲の定員は十戸だった。これが「里甲《りこう》制度」である。

このように軍戸と民戸を分けて別々の編制にするのは、モンゴル帝国の遊牧民と定住民の二重組織そのままである。実際、明朝の軍戸は、どうも元朝時代の非漢人の子孫らしい。東京・駒込の公益財団法人・東洋文庫には、明代の世襲の将校たちの名簿があって、これを「選簿《せんぼ》」というが、それを見ると、初代の将校たちはみなモンゴル風の名前を持っている。つまり元朝のとき地方に駐在していた軍隊を明朝がそのまま引き継いだのが、軍戸の起源だったらしい。

十進法の命令系統の組織は、匈奴《きょうど》以来の北アジアの遊牧帝国の伝統だったが、中国内地で施行されたのは明朝がはじめてだった。このことは、明朝の制度が、漢人の伝統を復興したものではなく、モンゴル帝国の伝統を引き継いだことの明らかな証拠である。

脱紅巾・脱白蓮教政策の結末

汪広洋と胡惟庸が粛清されたあと、紅巾派に代わって、劉基の系列につらなる官僚派の勢力が宮廷で強くなったが、それでも李善長は洪武帝に大切にあつかわれていた。

胡惟庸事件のとき、反紅巾派の群臣は李善長を取り調べようと主張したが、洪武帯はこう言って、李善長をかばった。

「わしがはじめて兵を起こしたとき、李善長はわしの陣中に会いに来て、『希望の光が見えました』と言った。そのとき、わしは二十七歳で、李善長は四十一歳だった。話が気に入ったので、文書や帳簿をあつかわせ、相談相手にした。だから、わしの功業が成ってから最高の爵位を授け、わしの娘をその息子と結婚させたのだ。わしの最初からの腹心なのだから、何も言わないでくれ」

その後、一三八八年になって、藍玉《らんぎょく》の指揮する明軍が、ブイル・ノール湖のほとりで北元の天元帝トクズ・テムル・ハーンを襲撃したとき、封績《ほうせき》という人が明軍の捕虜になった。封績の自白によると、自分はもともと元朝の臣下で、明に残っていたが、胡惟庸が自分を北元につかわして、昭宗アーユシュリーダラ・ハーンに手紙を送り、モンゴル軍を送って自分の陰謀を助けてくれと請うた、ということだった。藍玉はこれを李善長に報告したが、李善長は年を取って忘れっぽくなっていて、二年後にこのことが発覚するまで、洪武帝に報告しなかったという。この話も、林賢と日本王の話同様、どうも作り話くさい。

一三九〇年になって、洪武帝の宮廷の反紅巾派の官僚たちが封績の事件をすっぱぬき、李善長が封績をかばったといってはげしく弾劾した。もう六十三歳の老皇帝は、七十七歳の李善長を召しだし、二人でむかし語りをしたあげく、涙を流しながら群臣に向かって、自分に免じて、まげて李善長を許してやってくれと乞うた。群臣は聞きいれない。李善長は泣き崩れて洪武帝に暇乞いをし、邸に帰って首をくくった。李善長に連座して、四人の功臣が死刑になった。つまり、洪武帝自身ですら対抗できないほど、諸王と官僚の力が強くなったのである。

その証拠に、この事件よりちょっと前の一三八六年、福建省で、彭玉琳《ほうぎょくりん》という僧が、自分は弥勒仏祖師《みろくぶつそし》である、つまりこの世界の終わりに出現する救世主であると自称して、白蓮会を組織した。これに帰依《きえ》する人々が集まって、明朝に対する反乱を計画した。彭玉琳は晋王《しんおう》と名乗って、天定《てんてい》という年号まで立てた。この反乱は官憲に鎮圧され、彭玉琳は逮捕され、南京に送られて死刑になった。

明の洪武帝も、その取り巻きも、もともと紅巾軍の出身で白蓮教徒だったはずである。それにもかかわらず、白蓮教徒が明朝の支配に反抗して反乱を起こしたということは、民間の白蓮教徒の立場から見れば、紅巾革命はすでに裏切られていたということである。

こうして、洪武帝の脱紅巾・脱白蓮教政策は成功し、明朝の中国支配は安定したかに見えた。ところがその後まもなく、大事件が起きた。

ことの発端は、馬皇后が生んだ皇太子朱標《しゆひよう》が一三九二年に三十九歳で早死したことだった。皇太子はよくできた人で、群臣の中の対立を調停し、紅巾派と官僚派の仲をとりもって、あまりひどいことにならないようにつとめていた。その皇太子が亡くなったので、すでに老い込んで病気がちであった洪武帝は、自分の手足を失ったように泣き悲しみ、がっくりと衰弱した。雲南省の駐屯地でこの悲報を聞いた沐英《ぼくえい》も、泣き続けたあげく急死した。洪武帝のむかしの紅巾仲間たちは、自分たちがやがて窮地におちいることを悟った。

そして、早くも翌一三九三年、藍玉の謀反事件が起きる。藍玉は一三五五年、和州《わしゅう》で郭子興組に加入した古い組員・常遇春《じょうぐうしゅん》の妻の弟で、赤ら顔の大男、勇敢で知略に富んだ有能な将軍だったが、洪武帝に対するクーデターを計画したということで逮捕された。しかしこの事件は、明らかに諸王派と官僚派のでっちあげである。藍玉の一家は全員死刑になり、連座して逮捕され処刑されたのが一万五千人にのぼった。紅巾軍出身の功臣、大官、小吏、兵士にいたるまで、ほとんどが殺され、白蓮教は社会の表面からまったく姿を消した。しかし再び地下にもぐった白蓮教の組織は根づよく生き続けて、やがて明末の十七世紀になって反乱を起こすのである。

こうして紅巾派の排除が完了すると、これまで協力してきた諸王派と官僚派の同盟も破れた。しかし亡き皇太子の同母弟である秦王と晋王が健在のうちはまだよかった。ところが秦王は一三九五年に死に、晋王は一三九八年に死んだ。そうすると、諸王の筆頭は、北京に駐屯している燕王朱棣《えんおうしゅてい》になる。この燕王の母は馬皇后ではなく、碽妃《こうひ》という人だった。腹違いだから、官僚派が擁立している皇太孫とは関係がうすい。いきおい、官僚派と燕王の関係が緊張することになる。

そのやさき、晋王の死のわずか二カ月後、明の太祖洪武帝は七十一歳で亡くなった。

第三代永楽帝に見る元朝の影

一三九八年の洪武帝の死後、亡くなった皇太子朱標の次男の皇太孫が二十二歳で皇帝の位についた。これが第二代建文帝《けんぶんてい》である。その翌年の一三九九年、洪武帝の第四子、建文帝には叔父にあたる燕王朱棣《しゅてい》が北京で反乱を起こし、南京の建文帝の宮廷に対して開戦した。こうして、「靖難《せいなん》の役」と呼ばれる四年間の大戦争になったが、ついに一四〇二年、燕王軍は南京を攻め落とし、建文帝は行方不明になった。燕王は南京で即位して皇帝となった。これが第三代明の太宗《たいそう》（成祖《せいそ》）永楽帝《えいらくてい》である。永楽帝は、明朝の都を南京から自分の本拠地の北京に移し、一四二〇年、正式に北京を首都と宣言した。

皇帝につきものの後継者問題が、ここでも起きたわけである。

永楽帝以後の明朝は、モンゴル人の元朝の復興のようなものだった。元朝の時代に、華北の河北省、山西省、山東省、河南省、陝西省には、多数のモンゴル人や中央アジアから来たイスラム教徒、キリスト教徒が住み着き、北京はかれらの中心だった。現在でも、北京の周辺や山東省には、イスラム教徒のコロニーがたくさん残っている。こうした非漢人色の強い華北が永楽帝の地盤だったし、永楽帝の宮中の后妃や宦官《かんがん》には非漢人が多かった。有名なインド洋遠征艦隊の提督・鄭和《ていわ》も、イスラム教徒の宦官である。

永楽帝自身も、モンゴル帝国の大ハーンの地位にあこがれて、北元を征服してモンゴル人に正統のハーンと認められようと、みずから大軍を率いて五回もモンゴル高原に遠征し、そのうち三回はゴビ砂漠を渡って今のモンゴル国の地に達したが、ついにモンゴル人を屈服させることができず、最後の遠征の途中、モンゴル高原で病死している。

こうした永楽帝の漢人らしくない性格を裏書きするように、モンゴル人の間には、永楽帝は実はモンゴル人、それも元朝のトゴン・テムル・ハーンの落胤《らくいん》だったという伝説がある。

十七世紀に、ロブサンダンジン国師という僧がモンゴル語で書いた『アルタン・トブチ（黄金の綱要）』という年代記には、こうある。

（元朝が明朝に）政権を奪われたときに、（トゴン・テムル・）ウハート・ハーンのフンギラト皇后は妊娠三カ月であった。その皇后はかめの中に隠れてあとに残った。そのかめを、漢人は「ガン」（碩）という。モンゴル人は「ブトゥン」という。その皇后を、漢人の朱洪武帝がめとった。

その皇后は、

「七カ月経って生まれれば、敵の息子だと思って殺すだろう。十カ月経って生まれれば、自分の息子だと思って悪いことはしないだろう」

と考えて、

「われらが天なる父よ、お恵み下さって、もう三カ月増して十カ月ということにして下さいませ」

と祈って暮らしていた。天がお恵み下さって、妊娠十三カ月で男の子が生まれた。そして朱洪武帝の漢人の皇后から、もう一人の男の子が生まれた。

洪武帝の夢に、二頭の龍が争うと見えたが、西の龍を東の龍がうち負かしているという夢だった。

「わしのこの夢は吉だろうか、凶だろうか」

といって、占い者に占わせた。

「その二頭は龍ではございません。陛下の二人の息子でございます。西の龍というのは、漢人の皇后の息子です。東の龍というのは、モンゴル人の皇后の息子でして、陛下の玉座に座る運命なのです」

占い者のその言葉を聞いて、洪武帝は、

「どちらもわしの血筋にはちがいないが、こちらの母は敵の皇后だ。それから生まれたわしの息子が帝位につくのはよくない」

といって、宮中から出して長城の外に青い城（フヘホト）を建てて、そこに住まわせた。

その後、洪武帝は皇帝の玉座について三十一年経って、亡くなった。その息子の建文帝が玉座に座って四年経ったのち、フンギラト皇后の息子の永楽帝が、自分の少数の家臣と、大興安嶺《だいこうあんれい》山脈の南の三千のモンゴル人たち、松花江《しょうかこう》の三万の女直《じょちょく》人たち、長城の人たちを率いて攻めていって、洪武帝の息子の建文帝を捕らえて、その頸《くび》に銀の印を押して追放した。

例のウハート・ハーンの息子の永楽帝が即位した。漢人たちは、

「われらの正統のハーンの血筋が即位した」

といって、「永楽・大明」という称号を奉った。

以上が、モンゴル人の間に伝わった物語である。もちろんほんとうではないが、この物語には、中国を統治するのは天からチンギス・ハーンの子孫に与えられた正統の権利だと

いうモンゴル人の主張と、元朝から中国を奪った洪武帝に対するモンゴル人の反感と、その洪武帝の後継者を打倒して、漢人の中心地の南京からモンゴル色の強い北京に都を移した永楽帝に対するモンゴル人の好感が反映している。

これが乞食から皇帝になった男の一代記である。

第5章
清の聖祖康熙帝――
満洲人の征服王朝「清帝国」

康熙帝の人品を伝えた第一級史料

清《しん》の聖祖康熙帝《せいそこうきてい》は満洲《まんしゅう》人で、一六五四年五月四日、北京で生まれ、一七二二年十二月二十日に六十九歳で亡くなった。

康熙帝は史上最高の名君とたたえられるが、その風貌を伝える第一級の史料がある。康熙帝の宮廷に仕えたイエズス会の宣教師、ジョアキム・ブーヴェ神父は、フランス王ルイ十四世に献上した『康熙帝伝《こうきていでん》』のなかで次のように描写している。

「この皇帝は……堂々たる威風を備え、容姿は均斉がとれていて、人並み以上であります。顔立ちはそれぞれよく整い、両眼は炯々《けいけい》として普通のシナ人の眼よりも大きくあります。鼻はやや鉤鼻《かぎばな》で、先のほうになるにつれて膨らんでおります。少しばかり痘痕《あばた》が残っておりますが、そのためにお体から発する好い感じが少しも損なわれてはおりません。

しかしながらこの皇帝の精神的美質のほうが、肉体的美質よりもはるかにすぐれております。この皇帝こそ、最善の資性を、生まれながら備えておられるのです。俊敏な、透察的な知性、立派な記憶力、驚くべき天分の広さ、いかなる事件にも堪えうるほど剛毅であり、大計画を立てて、これを指導し、これを完成するに適するほど、強固な意志力を持っておられます。その嗜好や趣味は、いずれも高貴であり、大王たるにふさわしいものであります。この皇帝の公正と正義とに対する尊敬、臣民に対する親愛、徳を愛し、理性の命令に服する性向、絶対に自己の情欲を抑える克己心、以上の至徳については、いかほど激賞しても、その全幅《ぜんぷく》をつくすに足りません。あれほど国務に多忙な国王のなかから、美術に対する趣味と同じく、百般の学問に対する勤勉を見いだして、なおまた驚かざるをえないのであります。

そもそも満洲人は常に戦争を心がけておりますから、一切の武芸を尊《とうと》んでおります。また漢人は、学問こそ自国のほとんど全価値だと見なしております。それ故、康熙帝は文武両道に精進して、自己の統治すべき満洲人にも、漢人にも、好感を持たれようとつとめられたのであります。そして康熙帝は、武術上では、この皇帝に匹敵する王侯が一人もないほど、この道に熟達されました。……康熙帝は、立射、騎射のいずれを問わず、また馬をとめて射られる場合でも、……左手でも右手でも、ほとんど同じほど上手に射られます。そして獲物が飛んでいても、止まっていても、ほとんど一本の徒矢《あだや》もありません。……皇帝は、ヨーロッパの火器にも、弓やいしゆみと同様に馴れておられます。満洲人は生まれながら馬術家のように思われますが、この皇帝は、この武術にかけても、群を抜くことができました。この武芸では、完璧の妙技に達しておられます。単に平地ばかりでなく、きわめて険阻《けんそ》な場所でも、これを上るにせよ、下るにせよ、すこぶる馳走《しそう》に長じておられるのです。

康熙帝は、武器の操縦や、百般の練武に精励されておられますが、それにもかかわらず、音楽にも趣味をお持ちであります。なかんずく、ヨーロッパ音楽の価値を認めていらっしゃいます。そして西洋音楽の原理や奏法や楽器を好まれます。

康熙帝は、いっぺんお話し申し上げて、多少、気にとめてお聴きとりになったことなら、いかに些細《ささい》な国務の事情でも、また、ただ行きずりに御覧になった人物の名すらも、永久に聖慮のなかに印刻されているほど、立派な記憶力を持っていらっしゃいます。御自身でお調べになる国務が、いかに多くとも、またいかに時間が経過しても、これらの国務を決してお忘れになることはないのであります。

康熙帝が質素を愛されることは、衣服・調度のなかにも認められます。……皇帝の召される御衣について申し上げますと、冬中、クロテンと普通のテンの毛皮を二、三枚、お召しになりますが、かかるテンの皮衣も、この朝廷ではきわめてありふれたものであります。その他はたいそう粗末な絹の御服でありますが、この絹物もシナではきわめて一般に用いられるもので、ただ貧民だけが着ない程度のものであります。

雨の降り続く日には、おりおり、羊毛ラシャの外套を着ていらっしゃるのをお見かけいたしました。この外套も、シナでは粗服と見なされております。そのほか、夏の間は一種のイラクサ織りの粗末な上着をまとわれていたお姿に出会ったことがありました。この麻織物も、平民が家内で用いるものであります。

康熙帝は、孔子《こうし》の著書を大半、暗記しておられますし、シナ人が聖典と仰いでいる経典も、あらかた暗誦されておられます。

康熙帝は、弁舌にも漢詩にも、きわめて熟達されておられます。そして、漢文または満洲文で書かれた文章には、いかなる文章にも立派な判断を下されます。皇帝は満洲語でも、漢語でも、優美な文章をお書きになり、いかなる在朝の王侯よりも巧みに両語を話されます。一言すれば、皇帝の熟達されない漢文学上のジャンルは、一つもないのであります。」（後藤末雄訳）

中国の伝統的な学問だけではない。康熙帝はヨーロッパ科学にも強い興味をいだき、天文学、数学、幾何学、解剖学、化学など、多方面の分野について、宣教師たちに進講させ、自らも熱心に学習し、観測器械、測量器械を集めて、その操作に熱中した。これが十七世紀の、しかも極東の、それも狩猟民の出身の君主なのだから、いかに超人的な天才であったかが知られるというものである。

なぜ清朝は中国王朝ではなかったか

ところで、清朝は中国王朝ではなく、清帝国は中華帝国ではない。

一九一二年二月十二日、清の宣統帝《せんとうてい》が退位して、帝国の統治権を袁世凱《えんせいがい》が代表する中華《ちゅうか》民国《みんこく》に譲った。宣統帝は「ラスト・エンペラー」、すなわち最後の皇帝となった。これで、秦《しん》の始皇帝《しこうてい》にはじまった中国の皇帝制度は終わりを告げた。

その印象が強いせいで、一般に、清朝は最後の中国王朝だったと思われている。またそのために、多くの人は、一八九四〜九五年の日清戦争は日本が中国と戦った戦争であり、下関講和条約で日本が獲得した台湾は中国から割譲を受けたのだと思いこんでいる。

ところが、これはとんでもない誤解である。実は、清朝は中国ではなかった。日清戦争は、文字通り日本と清帝国の戦争で、日本と中国の戦争ではなかった。中国という国家は、そのころはまだ存在しなかった。存在しない国家と戦争はできない。また台湾は、そのころまで清帝国の辺境ではあったが、中国の一部ではなかった。

なぜ清朝は中国ではないと言えるかというと、まず第一に、清朝の皇帝は満洲人である。中国人（漢人）ではない。

第二に、清朝は一六三六年、中国の外の瀋陽《しんよう》（満洲）で建国したのであって、中国に入って支配したのは一六四四年からのことである。それから二百六十八年間、清朝はたしかに中国を支配したが、中国だけを支配したのではない。

清朝の皇帝は、清帝国を構成する五大種族に対して、それぞれ別々の資格で君臨していた。

まず清朝の皇帝は、満洲人に対しては、満洲人の「八旗《はっき》」と呼ばれる八部族の部族長会議の議長だった。モンゴル人に対しては、チンギス・ハーン以来の遊牧民の大ハーンだった。漢人に対しては、洪武帝《こうぶてい》以来の明朝の皇帝の地位を引き継いで、かれらの皇帝として支配した。チベット人に対しては、元の世祖フビライ・ハーン以来のチベット仏教の最高の保護者、大施主だった。東トルキスタンに対しては、「最後の遊牧帝国」ジューンガルの支配権を引き継いで、オアシス都市のトルコ語を話すイスラム教徒を支配していた。

これらの五大種族は、それぞれ別々の独自の法典をもっていた。漢人は清朝皇帝の使用人である官僚を通して統治されていたが、他の四つの種族には、官僚制度の管轄は及ばず、原則として自治を認められていた。漢人が中国以外の辺境に立ち入ることは、厳重に制限されていた。

漢人が科挙《かきょ》の試験に合格して官僚になれば中国の行政には参加できたが、辺境の統治にも、帝国の経営にも、漢人が参加することは許されなかった。漢人は清帝国の二級市民であり、中国は清朝の植民地の一つだったのである。

それにひきくらべて、モンゴル人は清朝の建国に当初から参加した関係で、清帝国では漢人より優遇され、満洲人に準ずる地位をもっていた。モンゴル人の貴族たちは清朝の皇族と同じ爵位を与えられ、皇帝から俸禄《ほうろく》を支給されていた。モンゴル人の庶民は、それぞれ自分の領主によって治められていて、清朝に税金を払うことはなかった。

清帝国の第一公用語は、もちろん満洲語だった。満洲語はシベリアのエヴェンキ語に近縁のトゥングース系で、モンゴル語やトルコ語に似た言葉なので、アルタイ語族の一派と考えられている。満洲文字は、縦書きのモンゴル文字のアルファベットに手を加えて読みやすくしたものである。

第二公用語は、モンゴル語だった。そして第三公用語が、漢文だった。清朝時代には、あらゆる公式文書は、この三つの言葉で書くのがきまりだった。皇帝の称号や年号も、この三通りの言葉で併記された。たとえば清の聖祖康熙帝の年号も、満洲語では「エルヘ・タイフィン」、モンゴル語では「エンケ・アムグラン」、漢文では「康熙」といった。どれもみな同じ、「平和」という意味である。

誤解はなぜ生じたか

これが清帝国の実情だった。それなのに、どうして清朝は中国王朝であり、清帝国は中華帝国だったという誤解がはびこっているのか。

こうした誤解には、いくつかの原因がある。

まず第一に、「国民国家」という新しい観念が十九世紀に世界中に広まったために、現代のわれわれが、それ以前の世界のほんとうの姿を思い描けなくなってしまっていること、ここに原因がある。

われわれは、「国家」という言葉を気安く使いすぎる。実は国家などという政治制度は、十八世紀の末まで、世界中のどこにも存在しなかった。あったのは、君主制と自治都市だけだった。その証拠に、世界のどこの国語にも、本来「国家」を意味する言葉は見つからない。現代日本語の「国家」は、英語の「ステート」、フランス語の「エタ」の翻訳だが、どちらももともとは「位、身分、財産」という意味だ。つまり君主の財産が国家の原型なのである。

国家がはじめて出現したのは、一七八九年のことだ。この年に、北アメリカではアメリカ合衆国が成立し、西ヨーロッパではフランス革命がはじまった。アメリカ独立でも、フランス革命でも、国王の財産を市民が強奪して国家がはじまったのだが、こんどは国家の正統な所有権者がだれかが問題になる。国家の所有権は「国民」に帰属する、ということになると、こんどはその国民とはだれかが問題になる。そこで「国土」に住んでいる者が国民だ、ということになる。そうすると、それまでなかった「国境線」を引いて、その内側の住民を国民と見なして、同じ「国語」を話し、同じ「国史」を共有することを強制するようになる。

こうして革命が産みだした国民国家は、十九世紀中にヨーロッパを席巻し、君主たちはわれもわれもと立憲君主制の国民国家に衣替えをした。その理由は、ナポレオンの国民軍が圧倒的な強さを発揮したため、生き残るためには国民国家になるしかなかったからである。しかも国民国家は、ヨーロッパにとどまらず、新しい国土の争奪戦を全世界にくりひろげて、またたくまに世界地図のほとんど全面を、西ヨーロッパ、北アメリカの国民国家の領土に塗り替えてしまった。この国民国家化が、いわゆる近代化の本質なのである。

そういうわけで、国民国家の時代に生まれ育ったわれわれには、国家というものがまだなかった時代のことを正しく理解することがむずかしい。つい十八世紀以前の歴史に国民国家の観念を当てはめて、「古代国家」とか、「都市国家」とか、まちがった使い方をしたくなる。

それに、清帝国に限らず、およそ帝国というものは国家以前の政治形態であって、「皇帝が統治する国家」ではない。ここのところをまちがえないようにしたい。

清帝国が中華帝国だったという誤解には、第二の原因がある。それは二十世紀の中国人の政治的な宣伝である。

北アメリカ、西ヨーロッパに発した国民国家化、近代化の波が東アジアに及んだのは、一八三九年にはじまった阿片《あへん》戦争からだった。清帝国は、イギリス東インド会社の艦隊に手もなく負けて開港を余儀なくされたが、それでも国民国家化の必要をまったく感じなかった。それにひきかえ日本では、一八五三年のマシュー・ペリのアメリカ艦隊の来航から、わずか十五年で明治維新が実現して、国民国家化が本格化し、さらに三十年も経たない一八九四〜九五年の日清戦争に勝って、国民国家がどんなに効率がいいかを実証した。清帝国は、この敗戦でやっと目覚めて、日本の成果をいっさいがっさい丸ごと輸入して、「満・漢一家」、満洲人も漢人も同じ中国人という国民だ、をスローガンに、国民国家化に踏み出した。その結果は、清朝が目指した日本型の立憲君主制ではなくて、共和制の中華民国の成立だった。阿片戦争の敗戦からここまで、なんと七十年もかかっている。日本がすばやかったのとは相当なちがいである。

中華民国が成立して、建前ではいちおう国民国家ということになったが、国家の実体はまったくなかった。宣統帝から譲り受けたはずの帝国のうち、名目だけでも北京《ペキン》の中華民国大総統の地位を承認したのは満洲人と漢人だけで、モンゴル人とチベット人は独立を宣言しており、新疆《しんきょう》は遠すぎて手がとどかなかった。

それればかりではない。中国の内地でさえ、地方の各省にはそれぞれ軍閥が割拠していて、北京政府の支配は及ばなかった。この形勢は一九二八年、中国国民党の蔣介石《しょうかいせき》が広州《こうしゅう》から国民革命軍を率いて北上し、北京政府を倒したあとでさえ基本的には変わらず、南京にできた中華民国国民政府も、やはり形だけの国民国家だった。

こうした実情が情けなければ情けないほど、中国人の国民主義（ナショナリズム）は高揚して、「大漢族主義」の主張が強くなる。「満洲人も漢人も、もともと同じ中華民族、つまり漢族だ。だから清帝国は漢族の国民国家だ。その清朝の皇帝に臣属していたのだから、モンゴル人もチベット人も新疆のイスラム教徒も、もともと中国人であり、漢族であるべきだ。かれらが漢族の文化に同化しないのは、祖国に対する反逆である。かれらの土地は清帝国の領土だったのだから、中国の神聖なる領土の一部である」という、現実離れのした主張である。

こういう大漢族主義の立場から歴史を解釈すると、清朝は中国王朝であり、清帝国は中華帝国だった、と言い張ることになる。これが現代の中華民国（台湾）と中華人民共和国（大陸）の政治的な立場だが、もちろんこれは歴史のとんでもない曲解だ。

さらに第三の原因が加わる。ヨーロッパ人やアメリカ人は海路を通って清帝国に入ったために、かれらが直接見聞できたのは、清帝国の支配圏のなかでも中国の部分だけだった。そのため、清帝国すなわち中国（チャイナ）だと誤解しやすかった。その証拠に、ヨーロッパで十七世紀の後半から十九世紀の前半にかけて流行したシノワズリー（中国趣味）の陶器の図案では、中国人はみな満洲風の服装をしている。漢人風ではない。この時代のヨーロッパでは、中国といえば清朝、中国人といえば満洲人のことだったのである。

そういうわけで、清帝国は中国ではなかったが、満洲人の清朝皇帝が中国の皇帝を兼任していた間、清朝は東アジアに広大な勢力圏をつくりあげた。それはモンゴル人の元朝の勢力圏をはるかに越える規模のものだった。その範囲が、モンゴル国をのぞいて、現在の中華人民共和国の領土になっている。その意味で、満洲人の清朝が現代の中国の原型なのだが、その清朝の発展の基礎を築いた皇帝こそ、聖祖康熙帝だった。

建州女直人ヌルハチが建てた後金国

清の聖祖康熙帝は、北京の紫禁城《しきんじょう》内の景仁宮《けいじんきゅう》という宮殿で生まれた。父は世祖《せいそ》順治帝《じゅんちてい》で、康熙帝はその三男だった。母は佟《とう》氏といい、順治帝のめかけで、先祖は今の遼寧《りょうねい》省の明領の撫順城《ぶじゅんじょう》に住んでいた漢化した満洲人の家系の出だった。

中国人のなかには、康熙帝の母親の姓が佟氏であることに目をつけ、「康熙帝は半分満洲人で、半分漢人だった」と主張する人がいる。しかし佟氏は、清朝以前からの女直《じょちょく》人の名家だった。漢人ではない。

康熙帝の曾祖父はヌルハチという名前で、女直人の建州《けんしゅう》という部族の出身だった。清朝が成立してから太祖《たいそ》という廟号（位牌を安置する部屋の名前）を贈られたので、普通に清の太祖と呼ばれる。

女直人は東北アジアの狩猟民で、満洲語では「ジュシェン」、モンゴル語では「ジュルチエト」と呼ばれた。「女直」はこの「ジュシェン」の音訳で、韓半島の史料では「女真《じょしん》」と書かれる。

女直人は十二世紀に金《きん》帝国を建て、満洲（今の遼寧省、吉林《きつりん》省、黒龍江《こくりゅうこう》省）、モンゴル高原のゴビ砂漠以南、淮河《わいが》以北の華北を支配した。金帝国は十三世紀にモンゴル帝国にほろぼされたが、金の後裔の女直人たちは故郷の満洲北部に生き残って、明朝の時代には海西女直《かいせいじょちょく》と呼ばれた。今の黒龍江省のハルビン市のあたりが海西女直の中心地だったので、ハルビンの対岸で北から松花江《しょうかこう》に流れ込む呼蘭《こらん》（フラン）河の名前にちなんで、満洲語では「フルン」と呼ぶ。

これとは別に、同じ黒龍江省でももっと東寄りの、依蘭《いらん》県のあたりを中心とする女直人の部族があって、明朝の時代には建州女直と呼ばれ、満洲語では「マンジュ」と呼ばれた。

このマンジュが「満洲」の語源である。

建州女直のアハチュという酋長は明の永楽帝《えいらくてい》の第三皇后の父で、そのため彼の一族は永楽帝に大事にされた。アハチュは永楽帝によって建州衛指揮使《けんしゅうえいしきし》に任命され、女直人全体の代表をつとめた。建州というのは、今の吉林省の吉林市の近くにあった町の名前である。建州女直という呼び名は、このアハチュの肩書きから出たものである。

ヌルハチは一五五九年、今の遼寧省の東の端の、朝鮮国境に近い建州女直の地に生まれ、一六二六年に亡くなったから、織田信長・豊臣秀吉・徳川家康と同時代の人である。

ヌルハチは十歳のときに母をなくした。継母と折り合いが悪かったので、十九歳のときに家を出て、佟氏の入り婿になった。ヌルハチは、こうしたぱっとしない立場から身を起こして、女直人の諸部族をほとんどすべて統合した。

ヌルハチが急激に強大な勢力に成長できたのには、当時の明朝中国の高度経済成長が幸いしていた。

明朝が十四世紀にモンゴル帝国から分離して独立したあと、中国の景気は、元朝の時代のような好景気には二度とならなかった。その原因は、ユーラシア大陸の東西を結ぶ貿易路のネットワークから脱落したことと、明朝の信用が元朝に及ばず、せっかく元朝が世界最初の不換紙幣を発行して成功したのに、これをまねした明朝の紙幣はたちまちインフレーションを起こして、紙屑同様になってしまったからである。

ところが一五七一年、ヌルハチが十三歳のとき、メキシコから太平洋を渡ってきたスペイン人がフィリピンにマニラ市を建設してから、メキシコ産の銀が中国に大量に流れ込みはじめたので、そのおかげで中国では空前の消費ブームが巻き起こった。その結果、女直人たちが住んでいる森林地帯の特産品である高麗人参《こうらい》と毛皮の需要が高まり、おかげでヌルハチたちも、富を蓄積して力をつけることができたのである。

ヌルハチは、遼河《りょうが》デルタに駐屯する明軍の司令官と結託して、もうけの一部を上納して見返りに保護を受けていたが、その司令官が一六〇八年に失脚した。これで風向きが変わって、明の政策がヌルハチに不利になったので、ヌルハチは一六一六年、五十八歳でハーンの位について、国号を後金《こうきん》国、満洲語で「アマガ・アイシン・グルン」と称して独立し、やがて一六二一年、明に正式に宣戦して遼河デルタを占領し、一六二五年には瀋陽《しんよう》（遼寧省の瀋陽市）に都を建てた。

それでもヌルハチの真意は、なんとか明の皇帝と話をつけて独立国の君主と認められ、平和的な貿易を再開したいということだった。しかし明の朝廷では主戦論ばかりが幅をきかせ、東北のこしゃくな夷狄《いてき》など、帝国の全力をあげて粉砕してしまえという意見ばかりだった。

なぜそうなるのか。中国のどの時代にもいえることだが、中国でいちばん金をもっているのは皇帝であり、戦争や外交などの臨時の費用は皇帝のポケットマネーから出ることになっていた。朝廷の大臣たちの立場からいえば、戦争のときには皇帝に軍事費を請求できるし、戦果があがれば、その作戦を主唱した大臣たちは恩賞にあずかれるし、前線の将軍たちもそれぞれ昇級する。戦争がつづけば、得をする者ばかりである。そうした事情があるので、明朝中国はいつまでも講和に踏み切れなかった。

第二代ホンタイジ、「大清」を号す

ずるずると戦争がつづいているうちに、ヌルハチは一六二六年、六十八歳で亡くなった。ヌルハチの八男のホンタイジが三十五歳で即位して、二代目の後金国ハーンになった。父ヌルハチが生前、山海関《さんかいかん》方面で明軍と対陣していてらちが明かなかったので、ホンタイジは戦略を転換して、西方のモンゴル高原回りで明に働きかけることにした。当時、後金の都の瀋陽《しんよう》から西に遼河を渡ったローハ・ムレン河の流域、今の内モンゴル自治区の赤《せき》峰《ほう》市のあたりには、北元《ほくげん》の直系のリンダン・フトゥクト・ハーンという君主が率いるチャハル部族が遊牧していたが、ホンタイジの後金軍の攻撃を受けて、一六二八年、リンダン・ハーンはローハ・ムレンの牧地を捨てて、大興安嶺《だいこうあんれい》山脈を越えて西に移動し、ゴビ砂漠の南のモンゴル人の諸部族をことごとく征服して、自分の軍旗のもとに統一した。

リンダン・ハーンは一六三四年、さらにチベットを征服しようと計画して、甘粛省《かんしゆく》武威《ぶい》県のシラ・タラの草原まで進軍、これから青海省《せいかい》に入ろうというところで、天然痘にかかって死んだ。リンダン・ハーンが持っていたはずの「受命于天、既寿永昌」と刻んだ伝国《でんこく》璽《じ》は行方不明になった。

その代わりに、別の玉璽が現れた。リンダン・ハーンを追撃していった後金軍の将軍たちは、黄河の西のトリトゥというところで、リンダン・ハーンの八人の皇后の一人、スタイ太后《たいこう》という人が、自分の産んだエジェイという皇子とともに東方に引き返してくるのに出会った。スタイ太后は、後金王ホンタイジの母方のいとこであった。

スタイ太后はエジェイ皇子とともに、ホンタイジの待つ瀋陽に連れてこられた。そこで後金軍の将軍たちは、スタイ太后から手に入れた「誥命之宝《こうめいしほう》」の四字を刻んだ玉璽をホンタイジに献上した。

説明によると、この玉璽は、むかしの歴代の皇帝たちが使って伝えてきたものだったが、元朝のトゴン・テムル・ハーンが明の太祖洪武帝《たいそこうぶてい》に中国から追い出されて、大都城を棄ててモンゴル高原にのがれたとき、この玉璽を持っていった。トゴン・テムル・ハーンが応昌府《おうしょうふ》で亡くなったあと、この玉璽は紛失して二百年あまりが経った。あるとき、長城の外のあるモンゴル人が、崖の下で家畜の番をしていたとき、一頭のヤギが三日間、草を食わず、地面を掘り返すのに気が付いて、その人がヤギの掘っていたところを掘り返してみると、玉璽が出てきた。その後、玉璽は人手を転々として、最後にチャハルのリンダン・ハーンの手に入り、妻のスタイ太后があずかっていたものである、という。

この玉璽は、その刻文から見て、元朝の皇帝が人事の辞令に押したものなのはまちがいない。この玉璽の到着を、ホンタイジと彼の宮廷は、むかしチンギス・ハーンが受けた世界征服の天命がいまホンタイジのところに回ってきたしるしだと解釈した。

一六三五年の年末、瀋陽で大会議が召集され、満洲人の諸王、ゴビ砂漠以南のモンゴル人の十六部族の四十九人の領主たち、それに遼河デルタの漢人の代表が参加した。かれらの決議にもとづいて、ホンタイジは皇帝の位につくようにすすめられた。

翌一六三六年五月十五日、ホンタイジは瀋陽で皇帝の位につき、新しい国号を「大清」とし、称号は満洲語で「ゴシン・オンチョ・フワリヤスン・エンドゥリンゲ・ハーン」、モンゴル語で「アグーダ・オロシェークチ・ナイラムドー・ボグダ・ハーン」、漢文で「寛温《かんおん》仁聖皇帝《じんせいこうてい》」と名乗り、年号を満洲語で「ウェシフン・エルデムンゲ」、モンゴル語で「デード・エルデムト」、漢文で「崇徳《すうとく》」と定めた。これが清の太宗崇徳帝《たいそうすうとくてい》であり、清朝の建国である。

新しい王朝の名前の「大清」は「天」という意味だから、「太陽」の意味の「大明」に対して、やはり「天」の意味だった「大元」の復活という含みがある。

太宗ホンタイジは、それまでモンゴル人のホルチン部族から三人の皇后をめとっていたが、即位と同時にリンダン・ハーンの未亡人のうちの二人とも結婚し、五人の皇后はすべてモンゴル人になった。それだけではなく、リンダン・ハーンの息子のエジェイには、自分のモンゴル人の第一皇后から生まれた長女マカタ姫をめあわせ、清朝皇族の最高の爵位・親王を授けて優遇した。こうしてホンタイジは、自分こそが元朝の正統の後継者であり、モンゴル帝国の宗主になる権利があるという主張を態度で示したのである。

太宗ホンタイジは結局、明との講和を取り付けられないまま、一六四三年に五十二歳で亡くなった。太宗のモンゴル人の第二皇后から生まれた九男のフリンが六歳で即位した。これが清の世祖順治帝《せいそじゅんちてい》である。

ちょうどそのとき、明のほうで大事件が起こった。

明朝の自滅、清軍北京に入る

一六二八年、明の陝西省《せんせいしょう》で大飢饉が起こり、食い詰めた貧民が反乱を起こした。反乱は陝西省から山西省《さんせい》、河北省《かほく》、河南省《かなん》、四川省《しせん》、安徽省《あんき》、湖北省《こほく》に広がり、明軍には鎮圧のしようがなかった。やがて李自成《りじせい》という指導者が現れて、一六四三年、陝西省の西安《せいあん》を占領し、ここに大順《だいじゅん》という国をつくった。翌一六四四年、李自成は明朝に対して攻勢に出た。李自成軍は山西省を通って北京に迫った。北京はたちまち落城し、明の最後の皇帝・崇禎《すうてい》帝《てい》は、皇女たちを自分の手で斬り殺して、自分は紫禁城の裏山の松の木で首をくって死んだ。今でも北京の故宮博物院の裏の築山《つきやま》には、崇禎帝が首をくったところだと立て札が立っている。

こうして、太祖洪武帝が建てた明朝は二百七十六年でほろびた。

そのとき、呉三桂《ごさんけい》という明の将軍は、山海関に駐屯して清軍に対する防衛に当たっていた。北京で皇帝がいなくなり、自分は反乱軍と清軍の間に孤立してしまったので、呉三桂は清朝の都の瀋陽に使いを送り、今まで敵だった満洲人に同盟を申し入れた。

清朝側の実権を握っていたのは、ヌルハチの十四男で、順治帝の大叔父に当たるドルゴンという皇族の傑物で、まだ子どもの順治帝の後見人をつとめていた。ドルゴンは、ただちに呉三桂の提案を受け入れ、清の全軍をあげて山海関に進撃した。

こうして、きのうまで敵味方だった呉三桂の明軍と清軍の満洲兵は、共同作戦を取って北京に向かって進撃することになった。

北京を占領していた李自成は、二十万の兵を率いて山海関に押し寄せたが、呉三桂軍と清軍の連合軍に大敗した。李自成は北京に逃げ帰り、紫禁城の宮殿で即位して皇帝を名乗っておいてから、宮殿に火を放ち、掠奪した金銀を荷車に満載して北京を脱出し、西安に向かった。

ドルゴンが兵を率いて北京に入城した。明の朝廷の百官は一致して、ドルゴンに皇帝になってくれと懇願した。ドルゴンは笑って、

「おれは皇帝ではない。ほんものの皇帝はあとから来る」

と言い、瀋陽から順治帝を迎えてきて紫禁城の玉座につけた。こうして清朝の建国から八年で、明朝はかってに自分でほろび、中国の支配権が清朝のふところに転がり込んできたのである。

康熙帝の父、順治帝という人物

世祖順治帝はたいへん繊細な感性の持ち主であったといわれる。今でも台北《たいほく》の故宮博物院へ行くと、順治帝がみずから描いた指頭画が見られる。

指頭画とは墨絵の一種だが、筆を使わず、指の先に墨をつけて描き、爪で線をつけたり、拳骨で太い線を書いたりする。順治帝の絵は実によくできた花や風景画の墨絵で、それをみても繊細な美的感覚が伝わる。

順治帝には、大叔父のドルゴンが選んだモンゴル人の皇后がいた。母の皇太后の姪で、美人で頭がよかったが、派手好きだったため、神経質で質素を好む順治帝とうまくいかなかった。結局、離婚して、別のモンゴル人の皇后が立てられたが、やはりうまくいかなかった。不仲の原因は、順治帝が自分の異母弟ボンボゴルの妻と恋に落ちて、横取りしたからだった。この女性は満洲人だったが、たいへん優しく頭のよい人で、順治帝は夢中になって愛を注いだが、不幸にして若くして亡くなった。

これがまた中国に前例も後例もないが、順治帝は亡き恋人の伝記を自分で書いて、いかに優しい心遣いをしてくれたか、いかに行き届いた世話をしてくれたか、涙の出るような文章を、延々と数千字も漢文で追憶をつづっている。こういう文章は、中国では非常に珍しい。

そもそも中国人は細《こま》やかな男女の情を文章で表現するのは非常に下手で、ポルノグラフィはいくらでもあるが、そういう純情を表現した文献はまずない。例外は、十八世紀の沈《しん》復《ふく》という人が亡き妻との夫婦愛を描いた『浮生六記《ふせいろっき》』ただ一つである。だいたい漢文で書いた、いわゆる恋愛小説では、恋人たちが愛を語らうロマンチックな場面はほとんどなく、すぐに帯をといてはじめてしまうような、むきだしのセックスの描写になる。

順治帝の文章にはそういうところはない。漢文で書いてあるが、情を含んだいい文章である。これには理由のあることで、満洲人の彼は、まず満洲語で考えて満洲語で表現した豊かな感情を、漢文に置き換えて書いたにちがいない。

満洲語には日本語と同じような文法がある。しかし、漢字には品詞の区別も、語形の変化もない。はっきりいって、漢文には文法がない。それに情緒を表現する漢字が少なく、きわめて貧弱である。そんな粗雑な漢文とちがって、満洲語は日本語と同じように、細やかな感情を表現するのに向いた言語なのである。

続々満洲化する中国人

順治帝が北京の玉座にあったころの中国は、決して平穏ではなかった。北京は満洲人が占領したが、華中・華南の各地にはまだ明朝の残党がいて、清朝の支配に抵抗をつづけていた。これらを平定したのは、主として呉三桂ら、明から投降した漢人の将軍たちの力だった。

その過程で、有名な辮髪《べんぱつ》の強制が行なわれた。

辮髪という髪型は、頭の前半分の髪の毛を剃り、後ろ半分の髪の毛を伸ばして、頭の後ろでまとめて三つ編みにして、背中に長く垂らす。豚のしっぽ（ピッグテイル）などとも呼ばれた、満洲人特有の髪型である。

頭を剃って、残った髪の毛を編んで垂らすのは、北アジアでは古くから行なわれた習俗だった。ただしモンゴル人の場合は、一本の辮髪にまとめるのではなく、頭のてっぺんを剃り、まわりの毛を何本にもまとめて編んで垂らした。もちろん男の話である。女は頭を剃らない。

清朝は中国に入ると、明朝の残党と区別するために、降伏した漢人に頭を剃ることを強制した。頭を一度剃ってしまうと、また毛が伸びるまで時間がかかる。明朝の時代の漢人は、髪の毛を長く伸ばしてまげに結っていたので、それを剃ってしまうのは簡単だが、いったん清朝に降って頭を剃った者が、また寝返って明側の残党に加わるわけにはいかない。頭を剃っていれば、仲間から「清朝の回し者」と疑いの目で見られる。それで清朝側は、降伏した漢人の頭を片っ端から剃っていった。頭を剃ることを拒否した漢人は、明朝の残党と見なされて殺された。そのため、「髪を留めれば頭を留めない。頭を留めれば髪を留めない」という当時のことわざが残っている。

その結果、二十世紀のはじめにいたるまで、辮髪は中国人の特徴ということになった。しかしこの習俗は、もともと漢人のものではない。清朝が漢人を満洲化したのである。

中国人の歴史観では、北方の蛮族が中国に入ればたちまち中華の偉大な文明に感化されて、自分たちが蛮族であることを忘れて中国化し、やがて中国人に吸収されて消滅する、ということになっている。しかしこれは話が逆で、中国が北アジアの遊牧民・狩猟民に征服されるたびに、漢人は北アジアの文化に同化されたというのがほんとうで、清朝の時代に辮髪が漢人の間に普及したのは、その一例である。

また、いわゆるチャイナ・ドレスは実は中国服ではない。漢語で「旗袍」（チーパオ）と呼ばれるのでわかるとおり、チャイナ・ドレスは旗人、すなわち満洲人の婦人服であり、満洲服である。清朝の時代には満洲人は特権階級であり、漢人が満洲人の服装をすることは禁止されていたので、漢人の女性たちは満洲服にあこがれながら、着ることができなかった。それが二十世紀のはじめになって清朝が国民国家化に踏み切ってから、はじめて漢人にも満洲服が許され、漢人の女性たちは大喜びで着るようになった。これがチャイナ・ドレスの起源である。

清朝の役人の服装は、当然、満洲服だった。正式な場面では、頭に編み笠（クーリー・ハット）をかぶる。香港映画の殭尸（キョンシー）を見てもわかるとおり、今でも中国人は、死んでお棺に入れるときには清朝の官服を着せる。清朝の二百六十八年の間に、えらい人は満洲服を着るものだと相場が決まった。死んでから満洲服を着るのはお咎《とが》めがないので、死んだら念願の満洲服が着られた。もちろん死後に朝廷から官位を贈られれば、晴れて満洲服を着た肖像画を描く権利を得た。清朝時代に、そのくらい中国人の意識は満洲化したのだった。

「八旗」という特権階級

華南《かなん》の地には、明朝の残党の平定に功績のあった三人の漢人の将軍たちが、自分たちの子飼いの軍隊を率いて駐屯していた。雲南《うんなん》省には平西王呉三桂《へいせいおうごさんけい》、広東《カントン》省には平南王尚可喜《へいなんおうしょうかき》、福建《ふっけん》省には靖南王耿継茂《せいなんおうこうけいぼう》がいて、これを「三藩《さんぱん》」といった。「藩」は垣根という意味で、北京の清朝皇帝を守る垣根というわけである。

この漢人の将軍たちは、清朝が中国に入った当初、明朝の残党の討伐、平定に当たった人たちで、その後も台湾に亡命して清朝に抵抗をつづける鄭成功《ていせいこう》、いわゆる国姓爺《こくせんや》などに対する防衛を担当していた。言い換えれば、三藩はほとんど独立王国で、清朝の実質的な支配力は首都の北京に近い地方にしか及んでいなかった。

ただし河北省は、もともと明の皇帝の直轄領だったため、北京に入った清朝の満洲人たちは、それぞれ荘園を分捕って私領にした。こうして河北省は、満洲人の入植地帯となった。

北京には、もとは二重の城壁があった。中華人民共和国になってから城壁はすべて取り払われて幅の広い道路になったが、その内側はもとの城内で、だいたい天壇《てんだん》公園から北が

ネルチンスク
アルバジン
フレー(庫倫)
ウリヤスタイ
山脈
ハルハ
大興安嶺山脈
愛琿
墨爾根
斉斉哈爾
三姓
ドヤン
呼蘭
寧古塔
吉林
ウルムチ
古城子
トルファン
鎮西
ハミ
クチャ
ドロンノール
盛京
広寧
(藩陽)
興京
鳳凰
朔平
山海関
北京
平壌城
漢城
朝鮮
京都
安西
粛州
太原
甘州
寧夏
青州
ホシュート
西寧
日本
開封
ット
西安
江寧
乍浦
杭州
寧波
清
漢口
成都
九江
景徳鎮
重慶
長沙
ラサ
福州
泉州
貴陽
桂林
台湾
ラヤ山脈
雲南
厦門
広州
ビルマ王国
騰越
マカオ
雷州
アヴァ
ハノイ
大越
フィリピン
マニラ
シャム王国
ユエ
アユタヤ
プノンペン
カンボジア

ロシア帝国
トルグート
ジューンガ
ヒヴァ＝ハーン家
ヒヴァ
イリ
ボハラ＝ハーン家
天山山脈
オスマン帝国
ボハラ
コーカンド＝ハーン家
ゼンド朝
ドゥラニ朝
ホタン
シラズ
カンダハル
デリー
アラビア
ハイデラバード
エチオピア
ゴア
セイロン

外城、北京中央駅の線から北が内城と呼ばれた。内城の真ん中に、紫禁城が南北に伸びている。今は跡形もないけれども、紫禁城の周囲には、もとは皇城《こうじょう》という紅い色の城壁があった。紫禁城には皇帝の一家が住む宮殿群があり、皇城には皇帝の使用人たちが住んでいた。いま中国共産党の高級幹部が住んでいる中南海《ちゅうなんかい》も、皇城の一部だった。

北京の外城は、漢人の居住区域だった。それに対して、北側の内城には満洲人たちが住んでいた。内城の市街は紫禁城・皇城で東西に分かれ、東西の市街はそれぞれ四つずつの区画に仕切られて、それらの区画は、それぞれ満洲人の「八旗《はっき》」の一つの兵営になっていた。

八旗というのは満洲人の部族組織である。部族には、それぞれ軍旗があった。軍旗の色は、黄色、白色、紅色、藍色の四色で、これに縁取りのあるものと、縁取りのないものの区別があって、すべて八種類の軍旗になる。部族の名前はその軍旗の色で呼ばれたので、八部族を八旗というのである。およそ満洲人なら八旗のどれかに属していた。満洲人のほかにも、満洲化したモンゴル人・漢人・朝鮮人・ロシア人なども八旗に組み込まれて、満洲人としてあつかわれた。そういうわけで、満洲人と八旗に編入されたほかの種族の人々は「旗人」と総称された。

八旗のうち三旗は清朝皇帝の私的な領民だったが、他の五旗にはそれぞれ皇族の領主があって、皇帝でさえ、その内政には口出しできなかった。こういうところは、モンゴルなど遊牧帝国のハーンと連合部族の関係によく似ている。

北京の内城は、八旗の旗人たちの兵営街だった。今でも北京大飯店のわきの北京の銀座通り、王府井大街からちょっと裏通りに入ると、昔ながらの兵営のおもかげをとどめた百軒長屋が軒をならべている。一九七六年の唐山大地震でだいぶん壊れたが、それでもまだかなり残っている。


ところで、満洲人というのは主従の結びつきが非常に強い。

一つの家族のなかに主人の家系と奴隷の家系が代々あり、身分のちがいがはっきりしている。しかもその主従関係は、子々孫々、永久につづくのである。

奴隷の家系の者でも皇帝に気に入られれば出世できるが、いかに高い地位にのぼっても、主筋の人に対しては土下座して挨拶しなければならなかった。

こんな話がある。

清朝の末期、漢人の役人が朝廷に出仕することになった。地方から北京に単身赴任して、暮らしが不便なので、おばあさんを雇って煮炊きをさせた。新任ということで同僚の満洲人の役人たちがたずねてきた。おばあさんがお茶をささげて客間に出てきた。その満洲人

の客は、おばあさんを一目見るなり飛び上がって床に平伏して、

「これはこれは、奥様には御機嫌うるわしゅういらせられ、恐悦しごくに存じまする」

と鄭《てい》重《ちょう》に挨拶した。おばあさんはどっかと椅子に腰掛けて、長いキセルでたばこを吸いながら、

「お前も元気で暮らしておるか。家のみんなは達者か」

と客にたずねるのだった。

漢人の役人はわけがわからないので、客が帰ったあとで事情をきくと、おばあさんは今は貧乏しているが、もともとは身分の高い満洲人の家の出で、いっぽう客のほうは、その家の奴隷の子孫だった。役人は結局、おばあさんになにがしかの金を包んで、お断わりしたという。そのくらい、満洲人は主従の結びつきが強い。これは部族社会の特徴である。

ところが漢人の人付き合いは「人情紙のごとく」薄い。今でもそうだが、中国人は自分の利益にならなければ、さっさと手のひらを返す。そのため何が起こったかというと、明代からの漢人の高官たちは、勢力のある満洲人の大臣たちと積極的に結びついていったのである。

満洲人たちは、それぞれ自分の息のかかった漢人を使って地方の利権を吸い上げた。中国では歴代、税関のあがりは皇帝の私的な収入になっていた。清朝の時代になると、満洲

人が集団で北京に入ってきて、それまで明朝の皇帝の利権だったものを、八旗の皇族・貴族たちが分け取ってしまった。

たとえば、広東省の広州《こうしゅう》は中国最大の貿易港だったが、この粤海関《えつかいかん》という税関の収入は、ある満洲人皇族の奴隷が北京からやってきて腰を据えて、あれもこれもと取り込んだという話がある。

少年皇帝康熙帝をあやつる四人の後見人

順治帝を北京の玉座に座らせた功労者ドルゴンは、一六五〇年に亡くなった。もう十三歳になっていた順治帝は、翌年から自分で政務にたずさわることになった。皇族出身の後見人がいなくなったので、それからは皇帝の側近の内大臣たちが実権をもつようになる。内大臣というのは、宮中の雑用をつとめる満洲人貴族たちのことである。

一六六一年、順治帝は天然痘にかかった。臨終の枕元に八歳の三男・玄燁《げんよう》を呼び寄せて皇太子に指名して、二月五日に

清の聖祖康熙帝関連年表

1654
康熙帝が北京の紫禁城の景仁宮に生まれる

1658
ロシアがネルチンスクに要塞を築く

1660
王政復古（英）

1661
父順治帝の死／康熙帝の即位（八歳）／四内大臣が輔政する／鄭成功が台湾を占領しオランダ人を逐い出す／清軍がビルマに入り明の永明王を捕える／南明の滅亡

1667
内大臣ソニンの死／康熙帝が親政する（十四歳）／スクサハを殺す

亡くなった。二十四歳の若さだった。

皇太子・玄燁が即位した。これが清の聖祖康熙帝である。まだ幼い康熙帝を補佐したのは、順治帝の腹心の四人の内大臣、ソニン、スクサハ、エビルン、オボーイであった。

即位した当初、康熙帝はまだ若かったので、補佐の内大臣が決めた案件に署名するだけだった。この間、四人の内大臣たちは地方の有力者たち、ことに三藩の漢人の王たちと結びついて、大きな権力をふるっていた。

一六六七年、康熙帝が十四歳のとき、ソニンが死んだ。スクサハはオボーイに追いつめられ、辞表を提出した。そのなかに、

「わたくしが先帝（順治帝）の御陵をお守りにいくことをお許しいただければ、わたくしの糸のような残りの命も、もって生存することができるでしょう」

という文句があった。

康熙帝はその辞表を読んで、

1669
オボーイを逮捕する／エビルンを追放する／チャハル親王アブナイを廃しブルニを封ずる
1670
オイラトのジューンガル部長センゲが殺される／弟ガルダンが継ぐ
1673
三藩の乱が起こる
1675
ブルニの乱／チャハルを八旗に改編する
1676
ガルダンがオイラトのハーンとなる
1681
昆明が陥落し、三藩の乱が終わる
1682

「いったいどんな切迫した事情があって、ここ（朝廷）では生きられず、御陵を守れば生きられるというのか」

と怪しんだ。オボーイは、これはスクサハが康熙帝に仕えるのをいさぎよしとしないのだ、と理屈をつけて、二十四個条の罪状をでっちあげ、スクサハ自身とその一族全員を死刑にする許可を康熙帝に強要した。康熙帝は抵抗したが、オボーイは腕まくりをして大声でどなりつけ、むりやりに死刑執行の命令書に署名させた。その結果、スクサハ自身と七人の子、一人の孫、二人の甥、および一族の二人はすべて死刑になった。

こうして皇帝の補佐人はオボーイとエビルンの二人だけになった。オボーイが独裁的な権力を握り、エビルンはこれに追随するだけだった。

康熙帝はオボーイの横暴を我慢しながら、モンゴル相撲に興じるふりをして、自分のまわりに腕っ節の強い青年たちを集めた。そして一六六九年五月十四日、オボーイが参内《さんだい》した

チベットのダライ・ラマ五世の死
1683 台湾を伐ち鄭氏を降す
1684 第一次南巡
1685 ロシアのアルバジン要塞を攻略する
1686 再びアルバジンを攻めてこれを包囲する／クレーン・ベルチルの会盟
1688 オイラトのガルダン・ハーンがハルハを侵す
1688 名誉革命（英）／元禄時代（～1703、日）
1689 第二次南巡／ロシアとネルチ

とき、康熙帝がちょっと目くばせをすると、侍従たちがオボーイにおどりかかって組み伏せ、縛り上げてしまった。それから康熙帝は、満洲人の貴族たちと百官を集めて堂々たる大演説をうった。その演説を満洲語で筆記したものが今も残っている。ただちにオボーイの罪状三十個条が公表され、オボーイは投獄されて死に、エビルンは追放された。

こうして十六歳の少年皇帝は、じゃまものの内大臣たちを片づけて、自分が独自の意志をもった主権者であることをはじめて天下に宣言したのである。

三藩の乱を奇貨に転ずる

しかし、このクーデターが引き金となって、四年後、「三藩の乱」という大規模な反乱が起こった。

三藩というのは、例の華南の実力者、雲南省昆明の呉三桂と、広東省広州の尚可喜と、それに福建省福州の耿仲明《こうちゅうめい》だったが、このころは耿仲明の息子の耿精忠《こうせいちゅう》の代になっていた。

ンスク条約を結ぶ
1689 米大陸で英仏植民地戦争（〜1697）
1690 ガルダンが侵入しウラーン・ブトゥンに戦う
1691 ハルハの王公とドローン・ノールに会盟する
1695 紫禁城太和殿完成
1696 ハルハに親征する／ガルダンがジョーン・モドに敗れる／チベットのダライ・ラマ六世の即位
1697 ガルダンの死／ハルハの王公が故郷に帰る
1699

もともと三藩は、康熙帝を補佐する四人の内大臣と結託して権勢を振るっていたのだが、その四人の内大臣が康熙帝のクーデターで一挙に姿を消したのだから、かれらは北京の宮廷における保護者を失ったわけで、不安を感じるのは当然だった。

三藩が反乱を起こしたきっかけは、一六七三年、広東の尚可喜が、長男の尚之信《しょうししん》と仲が悪いという理由で故郷の海州《かいしゅう》（遼寧省海城県）に帰って隠居したい、と康熙帝に申し出たことだった。

この申し出は、たぶん、内大臣たちの消滅で宮廷と自分たちを結ぶパイプが切れた不安から、康熙帝の態度を打診するためのものだったろう。

康熙帝は待ってましたとばかり、尚可喜のその申し出を許可した。常識として、こういう場合は慰留するものである。二回までは辞退して、三回目に慰留されたときに、そうまでおっしゃっていただくなら、ということで申し出を引っ込め

第三次南巡
1700 北方戦争（～1721）
1701 スペイン継承戦争（～1713）
1703 第四次南巡
1705 第五次南巡／青海ホシュートのラサン・ハーンがラサに入り、ダライ・ラマ六世を廃位する
1707 第六次南巡
1707 大ブリテン王国の成立（英）
1708 皇太子を廃位する
1711 乾隆帝が生まれる

る。それが相場だ。

　このとき雲南の呉三桂と福建の耿精忠も、立場上やむを得ず、わたくしどもも隠退を許されたい、と申し出た。もちろん慰留を期待してのことである。

　ところが康熙帝は平然としてかれらの申し出を受け入れ、一刻も早く撤退してこい、とせきたてた。

　康熙帝の意外な反応に三藩の王たちは窮地におちいり、呉三桂と耿精忠は準備不足のまま反乱に踏み切ることになった。尚可喜だけは反乱に加わらなかったが、華南・華中は戦火のちまたとなり、西北の陝西省にまで波及した。この情勢に、満洲人の大臣、将軍たちはだらしがなく、皇帝軍はいたるところで敗戦した。

1712　再び皇太子を廃位する
1716　享保の改革（日）
1717　ジューンガル軍がラサに入りラサン・ハーンを殺す
1720　清軍がラサに入りダライ・ラマ七世を立てる
1722　康熙帝の死（六十九歳）／雍正帝（世宗憲皇帝）の即位

　二十歳になったばかりの康熙帝は、この困難な状況のもとで戦略家としての天才を発揮した。臆病な皇族の将軍たちの尻をたたき、漢人の有能な指揮官たちを引き立て、要領よく兵力を配分し、兵站《へいたん》線を確保して敵を長江の線で食い止め、まず陝西省の反乱を片づけ、次に耿精忠を降伏させて福建省を取り返した。呉三桂は情勢が思わしくないので、破れかぶれで一六七八年、湖南《こなん》省の前線で即位式をあげて皇帝と名乗ったが、その直後に死んだ。一六八一年になると、清軍が昆明《こんめい》を包囲して、呉三桂の孫は自殺し、八年間の長い内戦はやっと終わった。

こうして康熙帝は、二十八歳で中国全土を支配下におさめたのである。

ロシア人の侵出を止めたネルチンスク条約

三藩の乱が片づいたので、康熙帝は、懸案のロシア人対策に着手することができた。

ロシア人は、もともとモンゴル帝国の西部のジョチ家の「白いオルド」、つまり「黄金のオルド」の領民だった人々である。ロシア人という名前は、九世紀にスウェーデンからバルト海を渡ってきたルーシ人から出たもので、そのルーシのリューリク家の末裔の、モスクワ大公イヴァン四世が一五七六年、チンギス・ハーンの子孫のシメオン・ベクブラトヴィチという皇子から譲位を受けて、はじめて「全ルーシのツァーリ」と称した。「ツァーリ」というのは、モンゴル語の「ハーン」のスラヴ語訳である。

翌一五七七年、イェルマクというコサック人のならず者が、ウラル山中のストロガノフ家の領地に逃げてきた。コサックというのは英語なまりで、ロシア語ではカザクという。カザクはトルコ語で「離れ者」という意味である。これでわかるとおり、コサック人はもともとロシア人ではなくて、ロシア正教に改宗した遊牧民であり、モンゴル風の百人隊に組織されて、アタマン（トルコ語で「親分」）と呼ばれる隊長に率いられていた。

イェルマクは、ヴォルガ河を航行する船に強盗を働いていたが、イヴァン四世から死刑を宣告されてウラル山中に逃げ込んだ。ここでシベリアの富の話を聞いて遠征を計画し、一五八一年、モンゴル人のイスケルという町を占領した。この町はシビリともいい、これからシベリアの名前が出た。今のトボリスクの近くである。

イェルマクはその後まもなく敵の反撃にあって殺されたが、コサック人たちは、それからもシベリアの河づたいに東へ東へと進み、一六四三年、清の太宗崇徳帝（ホンタイジ）が亡くなった年には、すでにアムール河（黒龍江）に姿を現した。清軍の討伐を受けて一度は姿を消したが、康熙帝の時代になると再びアムール河に進出してきた。放っておくと、満洲人の故郷の地がロシアにおびやかされることになる。

一六八五年、康熙帝はロシア人問題の解決をはかるために、朝鮮から小銃隊を徴発した。朝鮮軍は清軍とともに、アムール河の上流まで遠征した。そして、ロシア人の前戦基地であるアルバジンという要塞（今でもアルバジノという地名がこの辺に残っている）を攻め落とした。

康熙帝は、戦争と平行して外交交渉を行なった。その結果、一六八九年には、ロシアのツァーリ・ピョートル一世との間にネルチンスク条約の締結にこぎつけた。ネルチンスクはアムール河の支流シルカ河の分流ネルチャ河に臨む町で、チタの町の東方にある。

この条約によって、ヤブロノヴィ山脈から東は清朝の勢力圏、西はロシアの勢力圏ときまり、ロシアはアムール河本流の渓谷から閉め出された。

康熙帝最大の敵将ガルダン

ロシアの東方進出を食い止めたあと、康熙帝は六十一年の治世のなかの最大の事件に出会う。ガルダンとの戦争である。

ガルダン・ボショクト・ハーンは、オイラトのジューンガル部族長だった。

オイラトという種族は、現在、モンゴル国の西部、新疆ウイグル自治区の北部、青海省《せいかい》、ロシア連邦のカルムィク共和国に分布している遊牧民で、モンゴル語に近い言葉を話す。中華人民共和国ではモンゴル族に分類され、ロシア語ではカルムィク人と呼ばれる。

オイラトはもともと、今のロシア連邦のトゥヴァ共和国のイェニセイ河上流の渓谷の遊牧民だったが、十四世紀に元朝が中国を失ったあと、オイラト部族を中心として四つの大遊牧部族の連合が結成され、これもオイラトと呼ばれた。オイラトは一時、北アジア・中央アジアに大遊牧帝国を築いたが、十五世紀の半ばに崩壊した。十六世紀になって、モンゴル高原でフビライ家が復興してからモンゴル人の攻撃を受けて、オイラト人はモンゴル高原から西へ西へと追いやられた。

しかし十七世紀に入って形勢が逆転した。そのころまで、オイラト人はモンゴルのハルハ部族の支配下にあった。ハルハというのは、現在のモンゴル国民の大多数を占めている人々である。一六二三年、オイラトの連合軍は自分たちを支配していたハルハ・モンゴル人のハーンを破って殺し、独立を達成した。この勝利で、オイラト人は再び優勢になった。オイラトのホシュート部族はチベットと青海省を征服した。トルグート部族はヴォルガ河に移住して、北コーカサス、ウクライナ、ロシアに対して猛威をふるった。ジューンガル部族は、新疆ウイグル自治区のイリ河の渓谷に本拠をおいて、タリム盆地のトルコ語を話すイスラム教徒の町々や、カザフスタンやキルギズスタンを制圧した。

ガルダンは、そのジューンガル部族長の息子に生まれた。生まれたのは一六四四年、順治帝が瀋陽から北京に入った年である。生まれてまもなく、ダライ・ラマの宗派であるチベット仏教のゲルクパ派の高僧、ウェンサ寺の座主の生まれ変わりだ、ということが発見された。

その後、ガルダンは十三歳のときチベットに留学に行き、最初は西チベットのシガツェにあるタシルンポ寺でパンチェン・ラマ一世について学んだが、パンチェン・ラマが九十四歳の高齢で亡くなったので、中央チベットのラサに移って、ダライ・ラマ五世に師事した。

ダライ・ラマ五世は康熙帝と同じ時代に生きたチベットの高僧だが、同時に野心の強い政治家でもあった。この人はアジアに大仏教帝国をつくる野望をもち、モンゴル人、オイラト人に対する布教に熱心だった。オイラト人がチベット仏教に改宗したのは割に新しく、一六一五年にゲルクパ派の信徒になったばかりだった。

一般に、新しく改宗した人々は熱狂的な信者になりやすい。ダライ・ラマ五世はガルダンを非常にかわいがり、ガルダンを使って康熙帝に対抗させようと計画した。また、ダライ・ラマ五世が雲南の平西王呉三桂と手を結んでいた事実は、三藩の乱を鎮圧したときに康熙帝の知るところとなり、康熙帝の心証を非常に悪くした。ダライ・ラマ五世と康熙帝の対立の構図はここからはじまる。

モンゴルの内紛、オイラト対ハルハの戦い

ガルダンは十年のチベット留学から故郷のジューンガル部族に帰っていたが、一六七〇年、部族長だった兄が暗殺されると、後を継いで部族長となった。これは康熙帝の宮廷クーデターの翌年のことだった。

ゴビ砂漠の北の今のモンゴル国の地では、ハルハ部族が独立を保っていたが、このころになって内紛が起きた。このころのモンゴルの制度ではどの部族にも左翼と右翼があり、東が左翼で西が右翼だった。そのハルハ部族の左翼と右翼の間で家畜や人民の奪い合いの紛争が起こり、いつまでもごたごたがつづいた。

康熙帝はその内紛を仲裁するために、チベット仏教ゲルクパ派の大本山、ガンデン寺の座主をわざわざモンゴルに招き、自分の代表と一緒に、バイダラク河のほとりのクレーン・ベルチルの地で大会議を開いた。

その会議での手打ち式にハルハ部族から出席した人のなかに、ジェブツンダンバ一世という僧侶がいた。これはハルハ左翼のハーンの弟だったが、この人は生まれてすぐ、チベット仏教サキャ派の分派のチョナン派の高僧ターラナータの生まれ変わりと認定されていた。チョナン派はゲルクパ派の仇敵だった。

ジェブツンダンバは、このクレーン・ベルチルの講和会議でダライ・ラマの代表であるガンデン寺の座主と対等にふるまい、同じ高さの座を占めた。ガルダンにしてみれば、これは自分の師であるダライ・ラマ五世に対する侮辱だった。しかも皮肉なことに、ジェブツンダンバが五歳で比丘戒を受けたときに、戒を授けた師僧は初代ウェンサ・トゥルク、つまりガルダン自身の前世だった。

和約はすぐに破れ、戦争が起こって、ガルダンの弟がハルハ左翼に殺された。

一六八八年の春、復讐を求めるガルダンは三万のオイラト軍を率いて、西方からハンガイ山脈を越えて、今のモンゴル国のハルハ部族の地に進攻した。

ガルダン軍はまず、オルホン河の上流、タミル河のほとりでハルハ左翼軍と戦って大勝利をおさめた。ついでガルダン軍の一部隊は、むかしのカラコルムにある、ジェブツンダンバの寺であるエルデニ・ジョー寺を焼いた。ジェブツンダンバはゴビ砂漠を越えて南へ逃げ、今の内モンゴル自治区の地に入って清の康熙帝の保護を求めた。

ガルダンは本隊を率いてさらに東方に向かい、ケルレン河まで行って引き返し、オロゴイ・ノール湖のほとりでハルハ軍と三日間の大決戦を交え、これを粉砕した。ハルハの領主たち、庶民たちは雪崩をうってゴビ砂漠を越えて、今の内モンゴル自治区の地へのがれた。

清軍、ガルダン軍に大敗す

康熙帝は当初、このモンゴルの内紛に介入する気はなかった。しかし、ハルハ人たちから助けを求められたので、穀物を運び、家畜を与えるなどして救済に手をつくした。そのとき清領に避難してきたモンゴル人は二十万人といわれる。

一六九〇年、これはダライ・ラマ五世の摂政サンギェギャツォの命令と思われるが、ガルダンはチベット人の高僧を連れ、今のモンゴル国の東部から軍を率いて、今の赤峰《せきほう》市のあたりのウラーン・ブトゥンの地まで南下した。そして、康熙帝に向かってジェブツンダンバを引き渡せと迫った。

康熙帝は、大軍を送ってこれを迎え撃った。

ガルダン軍は、足を曲げて座らせたラクダの背中に、濡らしたフェルトをかけて覆いとした。これを駝城《だじょう》という。ガルダン軍はその陰に隠れて、火縄銃の筒先をそろえて清軍を迎え撃った。それだけではなく、ガルダンはロシア製の野砲、大砲を手に入れており、その砲撃で清軍に大損害を与えた。

ガルダン軍は悠々と北に引き揚げたが、清軍は大打撃を受け、追撃することができなかった。公式の戦闘報告では清軍が勝ったことになっており、『コンサイス世界年表』には「ガルダンがウラン・ブトゥンで敗れる」と書いてある。

しかし、それはあくまで清側の公式発表で、真実ではない。その証拠に、康熙帝の叔父、内大臣佟国綱《とうこくこう》がこの戦争で額の真ん中を弾丸で打ち抜かれて戦死している。清軍の副司令官だった皇帝の叔父が戦死して、清軍の勝利であるはずがない。しかも康熙帝は引き揚げてきた全軍をすぐに北京に入らせず、城外で一人一人に大失態を査問している。

ここでついに、康熙帝はガルダンとの対決を決意した。

翌一六九一年、康熙帝は、ドローン・ノールの地に亡命ハルハ部族の領主たちを召集して、大会議を開催した。ドローン・ノールは今の内モンゴル自治区の多倫《ドロン》県にあり、元の世祖フビライ・ハーンが上都城《じょうと》を建てたところの近くである。

この大会議には、ジェブツンダンバをはじめ、亡命してきたモンゴルのハーンたち、領主たち全員が出席し、康熙帝に跪《ひざまず》いて忠誠を誓った。これによって康熙帝はハルハ部族を自分の臣下として受け入れ、保護を加えるための公式の資格を獲得した。

いっぽうのガルダンの本拠地は、アルタイ山脈の東麓のホブドの地にあった。今のモンゴル国のいちばん西の端で、北京からはあまりに遠い。とうてい作戦圏内に入らない。それで康熙帝はせっせと食糧を蓄積し、戦備を整え、敵が近づいてくるのを待った。

康熙帝の親征、ゴビ砂漠縦断作戦

五年後の一六九六年、いよいよ機は訪れた。ガルダンはモンゴル高原を東に進み、ケルレン河上流のバヤン・ウラーンに本営をおいた。

康熙帝はみずから遠征軍を率いて、ゴビ砂漠縦断作戦に出発した。全軍を東路軍、西路軍、中路軍に分け、東路軍は瀋陽から出て東回りでケルレン河に向かう。西路軍は陝西省から陰山《いんざん》山脈を越えて、西回りでトーラ河方面に向かう。皇帝自身が率いる中路軍は、北京を出発して、今の内モンゴル自治区からゴビ砂漠の真ん中を突っ切り、バヤン・ウラーンのガルダンの本営を目指した。

この遠征の間中、康熙帝は北京で留守番をしている皇太子あてに、せっせと手紙を書き送った。すべて満洲語で、皇帝の特権の朱墨で書かれた手紙の現物は、台北の故宮博物院にある。

東路軍は進軍が間に合わなくて、途中で脱落した。残ったのは中路軍と西路軍だけである。

進軍は困難をきわめた。なにしろ、満洲騎兵とモンゴル騎兵と漢人歩兵で編成された大部隊だから、進軍の速度はいちばん足の遅いものにあわせなくてはならない。そうしないと隊形がくずれて、弱い側面を露呈することになる。護送船団がいちばん船足の遅い船にあわせるので、航行の速度が落ちるのと同じ理由である。

それに補給の困難がある。草原や砂漠では食糧の現地調達は不可能だから、糧食などを運ぶ輜重《しちょう》部隊が先行して、食糧や必需品を本隊の行く先々に集積しておかなければ行軍はできない理屈だが、戦場のことだから、無防備な輜重部隊が先行するわけにはいかない。戦闘部隊が自分で食糧を背負っていくことになるが、そうなると、あまり多くは運べない。

そのため、あまり大軍を動員すると途中でみんな腹を空かして餓死する危険がある。皇帝の中路軍は二万七千人ほどいたが、一日一食に制限された。皇帝自身も一日一食しか食べなかった。夜明け前にキャンプを引き払って行軍を開始する。昼になったらキャンプを張り、一日の最初で最後の食事をする。そういう困難に耐えケルレン河に達したが、ガルダン軍はすでにケルレン河の上流からケンテイ山脈を越えて、西方のトーラ河、今のウラーンバートル市のほうへ逃走していた。

康熙帝は失望したが、ガルダンを追撃しようにも皇帝軍の食糧は尽きかけていた。ぐずぐずしていれば撤退すら危うくなる。ガルダン軍の捕捉と撃滅という康熙帝の大作戦は、完全な失敗に終わったかに見えた。このとき康熙帝は、北京で留守をしている皇太子に送った手紙にこう書いている。

「皇太子に諭《さと》す。私は軍隊を率いて前進する間は、まったく一心不乱だった。今ガルダンを敗走させて、窮状をこの目でしかと見て、相応に兵を出して追撃させた。今めでたく帰途につくので、お前がたまらなく懐かしい。今は気候が暑くなった。お前が着ている棉紗、棉布の長衣四着、胴着四着を送れ。かならず古いのを送れ。父がお前を懐かしむときに着たい。……天の下、地の上に、このハルハの地のようなところはない。草より他には、万に一つ、千に一つのよいところもない。まことにここは地獄だ」

実際のハルハは自然の美しいところである。康熙帝がいかに落胆していたかがわかる。康熙帝が帰途について二日たったとき、西方から伝令の早馬が到着した。西路軍がガルダン軍の行方を遮って、テレルジで戦って大勝利をおさめたという。康熙帝は狂喜して、陣営のキャンプの門の前で天に向かってぬかずいて感謝の祈りをささげた。

ジョーン・モドの戦いとガルダンの死

ガルダンには、長い髪で色の白い美人の妃、アヌ・ダラ・ハトンがいた。彼女は、ガルダンに征服されたオイラトのホシュート部族の王女だった。鎧を着て馬に乗り、夫と一緒に戦場で戦った。テレルジの戦いのときにも、夫と一緒に全軍を率いて西方に向かっていた。

テレルジ河は、今のウラーンバートル市の東方、トーラ河上流の支流である。その渓谷には温泉があり、今もモンゴル国では有名な保養地である。ウラーンバートルの市内からはタクシーで行ける。ここはゴルヒ・テレルジ国立公園になっているが、公園の入り口に橋がかかっている。その橋のたもとが清軍とガルダン軍の決戦の古戦場である。

私が実地調査をして、ここだと突きとめた。河の北岸は切り立った崖になっていて、河原はない。河の南岸では、橋の東側は広い河原になっていて、たくさんの樹が生い茂っている。モンゴルで林があるのは珍しい。これがジョーン・モド、モンゴル語で「百本の樹」である。橋の西側には、高い丘が南の山から北へ突き出してトーラ河の流れに臨んでおり、河原を通ろうとする者の行く手を遮る構造になっている。

一六九六年六月十二日、ガルダン軍が東方から今の橋のあるあたりにさしかかると、南の山から突き出した丘の上に清軍が陣を張り、火縄銃の銃口をそろえて待ちかまえていた。そして大激戦がはじまった。

上り坂のため、馬で突撃することはできない。ガルダンらは馬からおりて小銃を撃つ。このころには、小銃が遊牧民の主要な武器になっていた。清軍は丘の上から撃ちおろした。戦争では高みを占領したほうが有利である。ガルダン軍は、どうしても清軍の陣地を突破できなかった。日が暮れて暗くなってきたが、勝負はなかなかつかない。

戦闘中に清軍の将校が遠くを見ると、ガルガン軍の後方に家畜の群が見えた。遊牧民の軍隊は家畜や婦女子をつれて移動する。あそこにガルダン軍の家族が居るにちがいない。

清軍の将校は別の部隊を派遣し、遠回りをして敵の背後に回らせて、林のなかから婦女子を襲撃させた。悲鳴があがって大騒ぎになり、ガルダン軍はひるんだ。

その機に乗じて清軍が突撃した。ガルダン軍は崖を転がり落ちてばたばた死んだ。トーラ河の水面が死体で埋まった。アヌ・ダラ・ハトンは、その戦闘で額の真ん中を打ち抜かれて戦死した。ガルダンは夜の闇に紛れて清軍のなかをすり抜けて西方へ逃げて、モンゴル・アルタイ山脈のなかに立てこもった。これが有名な「ジョーン・モドの戦い」である。

ガルダンはモンゴル・アルタイ山中をあてもなくさまよったのち、翌一六九七年四月四日に病死した。清朝側の公式記録ではガルダンは毒をあおって自殺したということになっているが、これは康熙帝の作り話である。

満洲語で書かれた第一次史料を解読すると、康熙帝に伝わった生情報はみな一致して、なんの病気かわからないが、朝発病して夕方には死亡した、とある。それにもかかわらず、康熙帝は「ガルダンは自殺したに相違ない」と決めつけた。

その理由は、康熙帝はガルダンが憎かったからである。

ガルダンはもともと僧侶なので、自殺は殺生戒を破る罪になる。康熙帝は、ガルダンが高僧の生まれ変わりとして持っていた神聖性を否認したかったのだと思われる。

ガルダンの死後、今の内モンゴル自治区に避難していたハルハの領主たちと庶民たちは、ゴビ砂漠の北の、今のモンゴル国の地の故郷に帰り、康熙帝の勢力はハンガイ山脈に及ぶことになった。

チベットを保護下に入れる

チベットのダライ・ラマ五世はすでに一六八二年に亡くなっていたが、その死は厳重な秘密になっていたので、忠実な弟子のガルダンでさえ、生前には師の死を知らなかった。摂政サンギェギャツォは、その間に先代の生まれ変わりを探しだし、ガルダンが清軍に破れた翌年の一六九七年になってようやく五世の死を公表し、ダライ・ラマ六世を即位させた。

ところが、このダライ・ラマ六世はたいへん変わった人で、恋愛詩人として有名になった。中共軍がラサに入った一九五〇年まであったそうだが、ラサのポタラ宮には隠し戸があって、ダライ・ラマ六世が夜な夜なここから抜け出して、お忍びで町に出かけ、恋人に会ったという伝説があり、恋の思いをつづった美しいチベット語の詩をたくさん残している。

それだけならよかったが、ダライ・ラマ六世はますますエキセントリックになり、とうとう受戒を拒否し、僧籍を返上するところまでいった。しかし、観世音菩薩の生まれ変わりであることまでは、当人の意志では変えられない。チベット人もモンゴル人も、ダライ・ラマ六世の行跡がどんなに悪くなっても、信仰の対象であることには変わりはなかった。

青海の草原には、オイラトのホシュート部族が遊牧していた。ホシュートの王ラサン・

ハーンは一七〇五年、ラサに入って摂政サンギェギャツォを殺し、北京の康熙帝にこのむねを報告して指示を求めた。康熙帝はラサン・ハーンを賞賛して、ダライ・ラマ六世を逮捕し、北京に護送するよう命じた。

ラサの群衆は暴徒と化してダライ・ラマ六世を奪い返した。ダライ・ラマ六世は、罪もない人々が巻き添えになるのを恐れ、みずから群衆のなかから脱出して逮捕された。それから北京に送られる途中、青海省のココノール湖の南のクンガノールで病死した。

しかし、チベット人はダライ・ラマ六世が亡くなったことを信じなかった。六世はほんとうは空を飛んで五台山《ごだいさん》に行って、そこで小僧に姿を変えて生きているのだという話が広く信じられた。

康熙帝とラサン・ハーンは、別の僧侶を連れてきてラサに入れ、新しいダライ・ラマ六世にしたが、だれも信用しなかった。それでチベットの情勢は不安定になった。

すでにガルダンの生前、ガルダンの兄センゲの息子ツェワンラブタンが、叔父から独立してジューンガル部族長となっていた。ツェワンラブタンは、ラサの不安定な情勢を利用して、ホシュート部族からチベットを奪い取ろうと計画した。一七一七年、ジューンガル軍はチャンタン高原の道なき道を突っ切って、テングリ・ノール（ナムツォ）湖畔にたどりつき、ラサを奇襲した。ラサン・ハーンは最後まで戦って殺された。

ところが、ラサン・ハーンがどうなったかは、北京では何年もわからなかった。チベットは北京からそれほど遠いところだった。そのうちに康熙帝にも、ラサン・ハーンが殺されたらしいことがわかってきた。

一七二〇年、とうとう康熙帝は青海省のホシュート部族が支持していたダライ・ラマ七世の公認に踏み切り、清軍をチベットに派遣して、ダライ・ラマ七世をラサに送り込んだ。ジューンガル軍は逃げ去った。こうして、チベットも康熙帝の保護のもとに入り、清朝はチベット仏教の影響力を利用できることになった。

康熙帝晩年の苦慮、皇太子問題

康熙帝が自筆の手紙のなかであれほど愛情を注いだ相手の皇太子の運命は、まことに暗い悲しいものであった。歴代の皇帝につきものだった後継者問題が、ここでもまた起こったのである。

康熙帝は、愛する皇太子の地位を安定させ、無事に紫禁城の玉座を継がせてやりたいと願うあまり、他の皇子たちが成年に達しても爵位も領民も与えず、部屋住みのままにしておいた。ところがガルダンとの戦争に、年長の皇子たちはそれぞれ部隊を指揮して、ひとかどの働きを見せた。それでいつまでも部屋住みでもおけなくなって、ガルダンの死の翌年、他の六人の皇子に爵位と、皇帝直属の三旗にそれぞれ領民を与えた。

モンゴル人の場合でもそうだったが、満洲人でも相続の権利は兄弟の間では平等で、長子相続の習慣はない。だから皇太子といえども、父の死後、自動的に皇帝になれるわけではない。いきおい満洲人たちは、それぞれ自分の領主になった皇子をかついで猛烈な帝位継承争いをはじめた。

そうなると、いちばん弱い立場にあるのは、みんなからマークされる皇太子である。しかも康熙帝が長命で、在位が六十一年というまれに見る長さだったから、長丁場に耐えなければならない皇太子の苦しさはたいへんなものである。

皇太子の母は康熙帝を補佐した内大臣の一人のソニンの娘で、皇太子を産んだ産褥《さんじょく》で死んだ。若き日の皇太子の後ろ盾になったのは、ソニンの三男、領侍衛内大臣《りょうじえいないだいじん》(侍従長)ソンゴトだった。ところが一七〇三年の夏、康熙帝は突然、ソンゴトを逮捕し、その一党をことごとく追放した。ソンゴトは監禁中に死んだ。

母方の叔父の失脚で皇太子は政治的に孤立し、自暴自棄になって異常な行動が目立つようになった。父子の間柄も冷たくなり、康熙帝は、皇太子が自分に害意をいだいている、と思いはじめた。

一七〇八年の秋、今の内モンゴル自治区の東部に巻狩りに行っていた康熙帝は、またもや突然、諸王、大臣、侍衛、文武の諸官を皇帝のテントの前に召集し、皇太子を跪かせて、涙を流しながら、いかに皇太子の素行が悪いかをくどくどと数え上げ、

「さらに奇怪なことに、彼は毎晩、私のテントに忍び寄っては隙間からのぞいている。以前ソンゴトは、彼を助けてひそかに大事をはかった。私はみなその事情を知って、ソンゴトを死刑にした。いま彼は、ソンゴトの仇を討とうと思って一味の者と組んでいる。おかげで私は、今日は毒を盛られるか、明日は暗殺されるかと、日夜、安き心もない。こんなやつに先祖の遺産が譲れるものか。それに彼は、生まれると母を死なせた。こういうやつを、むかしの人は不孝といったのだ……」

そう言って、康熙帝は声を放って泣きながら地上に身を投げて転げ回った。

皇太子は逮捕された。康熙帝は悲嘆のあまり不眠症になり、六晩も眠れず、諸臣を呼び寄せて話しながらすすり泣くのであった。北京に帰って、康熙帝は正式に皇太子の廃位を発表し、廃太子を咸安宮《かんあんきゅう》に幽閉した。ところがその直後、康熙帝の長男が弟の八男を皇太子の後任に推薦したので、反皇太子陰謀の存在が明るみに出た。廃太子の部屋からは、呪《じゅ》詛《そ》に使った品物が十いくつも見つかった。二人は爵位をとりあげられて監禁された。

そこで康熙帝は、北京郊外の南苑《なんえん》に狩猟に行ったついでに、廃太子を召しだして会った。廃太子は人がちがったように落ち着いて、以前のことはけろりと忘れて思い出せない様子

であった。これを見て康熙帝は、胸のつかえがいっぺんに下りたような気がして嬉しくなり、やはり廃太子は魔法をかけられていたのだ、と確信した。

翌一七〇九年の春、廃太子は再び皇太子に復位したが、一度傷ついた皇太子にとって、これは以前にもまして神経を消耗する日々だったにちがいない。一七一一年、康熙帝は諸大臣が皇太子党を結成して酒宴を開いているといって、歩軍統領《ほぐんとうりよう》（警視総監）トホチらを死刑に処し、翌一七一二年、また皇太子を廃位して咸安宮に幽閉した。これ以後、後継者問題にこりた康熙帝は、一生の間、二度と皇太子を立てようとしなかった。ときに康熙帝は五十九歳、廃太子は三十八歳であった。以後、立太子の必要を説く大臣があるたびに、老皇帝はきまって激怒したという。

史上最高の名君が残したもの

一七二二年十二月十四日、北京の西北郊の暢春園《ちようしゆんえん》離宮に滞在していた康熙帝は、寒風にあたって発熱し、ぐっしょり汗をかいた。しかしそのときは別に心配な容態とは、当人も周囲の人々も思わなかった。だから、それからわずか六日後、二十日の夜八時に康熙帝が亡くなったとき、臨終の枕元には皇子たちは一人もなく、ただ歩軍統領として北京と離宮の警察権を一手に握るロンコドという大臣が立ち合っただけであった。

ロンコドは、康熙帝の四男の妃の兄だったから、ただちに行動に移った。康熙帝の遺骸は、夜中、フルスピードで北京に帰って宮中にかつぎ込まれる。紫禁城の宮門はことごとく閉ざされ、四男の皇子だけが大急ぎで宮中に駆けつけたが、他の皇子たちはだれも宮中に入れない。翌二十一日の正午、ロンコドだけが聞いた康熙帝の遺言が発表され、四男が帝位を継ぐことが決定する。六日たって、やっと非常警戒はとかれ、皇子たちは宮中に入って亡父の霊前に拝礼することができた。十二月二十七日、四男の即位式が挙行された。これが世宗雍正帝《せいそうようせいてい》である。

その前年、康熙帝はドローン・ノールの大会議で知り合って以来、懇意にしていたハルハの高僧ジェブツンダンバに、

「癸卯《きぼう》の年（一七二三年）、私は七十歳、あなたは九十歳になる。大いに祝うべき年であるから、あなたはかならず来るように。決して約束を破ってはいけない」

と言っていた。

ジェブツンダンバは、康熙帝が亡くなったと聞いて約束を守ってはるばるモンゴル高原から北京へやってきて、柩《ひつぎ》に対面し、そこで天然痘にかかって死んだ。八十九歳だった。

雍正帝はジェブツンダンバの死を尊しとし、彼の甥を生まれ変わりと認定して、ジェブツンダンバ二世に立てた。このジェブツンダンバ一世と二世の生まれ変わりは、代々ハル

ハ・モンゴル人の信仰の中心となった。

清朝時代の末の一九一一年十月十日、中国で漢人の軍隊が反乱を起こし、辛亥《しんがい》革命がはじまった。ハルハ・モンゴル人はそのむかし、満洲人の清朝の康熙帝にこそ忠誠を誓ったが、漢人にはなんの義理もなく、中国の一部だったことも、漢人に支配されたこともなかった。その十二月、ジェブツンダンバ八世はハルハ・モンゴル人を率いて清朝から独立し、モンゴル国皇帝となって「ボグド・ハーン」と名乗った。宣統帝《せんとうてい》が退位して清朝がほろびる前年のことで、これが今のモンゴル国の起源である。


康熙帝は、中国をしっかり支配下におき、全モンゴル人を臣従させ、チベット仏教を保護下においた。これはまさに、元朝の勢力圏の再現である。これに十八世紀になって、康熙帝の孫の高宗乾隆帝《こうそうけんりゅうてい》がジューンガル帝国を倒して征服した新疆が加わって、清帝国の最盛期が到来するが、その基礎をおいたのは康熙帝だった。

二十世紀の中華民国、中華人民共和国の時代の「中国」のイメージは、清帝国を国民国家と読み替えたものである。そういう意味で、康熙帝は史上最高の名君だっただけではなく、現代中国の原型を創った人でもあったのである。

歴代皇帝年表

秦（嬴姓）
前221—前210 始皇帝（政）
前210—前207 二世皇帝（胡亥）

前漢（西漢／劉氏）
前207—前195 高祖（劉邦、高帝）
前195—前188 恵帝
前188—前180 高后（呂氏、呂后）
前180—前157 文帝
前157—前141 景帝
前141—前87 武帝
前87—前74 昭帝
前74—前48 宣帝
前48—前33 元帝
前33—前7 成帝
前7—前1 哀帝
前1—5 平帝

新（王氏）
8—23 王莽

後漢（東漢／劉氏）
25—57 光武帝（劉秀）
57—75 明帝
75—88 章帝
88—106 和帝
106 殤帝
106—125 安帝
125—144 順帝
144—145 沖帝

145—146 質帝
146—168 桓帝
168—189 霊帝
189—220 献帝

三国

魏（曹氏）

220—226 文帝（曹丕）
226—239 明帝（曹叡）
239—254 斉王（曹芳）
254—260 高貴郷公（曹髦）
260—266 陳留王（曹奐）

漢（蜀／劉氏）

221—223 昭烈帝（劉備）
223—263 後主（劉禅）

呉（孫氏）

222—252 大帝（孫権）
252—258 会稽王（孫亮）
258—264 景帝（孫休）
264—280 帰命侯（孫皓）

西晋（司馬氏）

266—290 武帝（司馬炎）
290—307 恵帝
307—313 懐帝
313—316 愍帝

南朝

東晋（司馬氏）

317—323 元帝（司馬睿）
323—325 明帝
325—342 成帝
342—344 康帝
344—361 穆帝
361—365 哀帝
365—372 海西公
372 簡文帝
372—396 孝武帝
396—419 安帝
419—420 恭帝

宋（劉氏）

420—422 武帝（劉裕）
422—424 少帝

424―453 文帝
453―464 孝武帝
464―466 前廃帝
466―472 明帝
472―477 後廃帝
477―479 順帝

南斉（蕭氏）

479―482 高帝（蕭道成）
482―493 武帝
493―494 鬱林王
494 海陵王
494―498 明帝
498―501 東昏侯
501―502 和帝

梁（蕭氏）

502―549 武帝（蕭衍）
549―551 簡文帝
552―555 元帝
555―557 敬帝

陳（陳氏）

557―559 武帝（陳覇先）
559―566 文帝
566―568 廃帝
569―582 宣帝
582―589 後主

北朝

北魏（鮮卑・拓跋氏＝元氏）

386―409 道武帝（拓跋珪）
409―423 明元帝
423―452 太武帝
452 景穆帝
452―465 文成帝
465―471 献文帝
471―499 孝文帝
499―515 宣武帝
515―528 孝明帝
528―530 孝荘帝
531―532 節閔帝
531―532 廃帝

532—535　孝武帝

東魏（鮮卑・元氏）

534—550　孝静帝（元善見）

北斉（鮮卑・高氏）

550—559　文宣帝（高洋）
559—560　廃帝
560—561　孝昭帝
561—565　武成帝
565—577　後主
577　幼主

西魏（鮮卑・元氏）

535—551　文帝（元宝炬）
551—554　廃帝
554—557　恭帝

北周（鮮卑・宇文氏）

557　孝閔帝（宇文覚）
557—560　明帝
560—578　武帝
578—579　宣帝
579—581　静帝

隋（鮮卑・普六茄氏＝楊氏）

581—604　文帝（楊堅）
604—617　煬帝
617—618　恭帝

唐（鮮卑・大野氏＝李氏）

618—626　高祖（李淵）
626—649　太宗（李世民）
649—683　高宗
683—684　中宗
684—690　睿宗

周（鮮卑・武氏）

690—705　聖神皇帝（則天武后）

唐（鮮卑・大野氏＝李氏）

705—710　中宗
710—712　睿宗
712—756　玄宗
756—762　粛宗
762—779　代宗

779—805 徳宗
805 順宗
805—820 憲宗
820—824 穆宗
824—827 敬宗
827—840 文宗
840—846 武宗
846—859 宣宗
859—873 懿宗
873—888 僖宗
888—904 昭宗
904—907 哀帝

五代

後梁（朱氏）

907—912 太祖（朱温、朱全忠）
913—923 末帝

後唐（トルコ・李氏）

923—926 荘宗（李存勗）
926—933 明宗
933—934 愍帝
934—937 廃帝

後晋（トルコ・石氏）

937—942 高祖（石敬瑭）
942—947 出帝

後漢（トルコ・劉氏）

947—948 高祖（劉知遠）
948—951 隠帝

後周（郭氏、柴氏）

951—954 太祖（郭威）
954—959 世宗（柴栄）
959—960 恭帝

遼（契丹・耶律氏）

907—926 太祖（阿保機）
927—947 太宗
947—951 世宗
951—969 穆宗
969—982 景宗
982—1031 聖宗

1031―1055 興宗
1055―1101 道宗
1101―1125 天祚帝

金（女直・完顔氏）

1115―1123 太祖（阿骨打）
1123―1135 太宗
1135―1150 熙宗
1150―1161 海陵王
1161―1189 世宗
1189―1208 章宗
1208―1213 衛紹王
1213―1224 宣宗
1224―1234 哀宗

北宋（趙氏）

960―976 太祖（趙匡胤）
976―997 太宗
997―1022 真宗
1022―1063 仁宗
1063―1067 英宗
1067―1085 神宗
1085―1100 哲宗
1100―1126 徽宗
1126―1127 欽宗

南宋（趙氏）

1127―1162 高宗（趙構）
1162―1189 孝宗
1189―1194 光宗
1194―1224 寧宗
1224―1264 理宗
1264―1274 度宗

元（モンゴル・ボルジギン氏）

1260―1294 世祖セチェン・ハーン（フビライ）
1294―1307 成宗オルジェイト・ハーン（テムル）
1307―1311 武宗クルク・ハーン（ハイシャン）

1311―1320 仁宗ブヤント・ハーン（アーユルパリバドラ）
1320―1323 英宗ゲゲーン・ハーン（シッディパーラ）
1323―1328 泰定帝（イェスン・テムル）
1328 天順帝（ラキパク）
1329 明宗フトゥクト・ハーン（クシャラ）
1329―1332 文宗ジャヤート・ハーン（トゥク・テムル）
1332 寧宗（リンチェンパル）
1333―1370 恵宗ウハート・ハーン（トゴン・テムル）

北元（モンゴル・ボルジギン氏）

1370―1378 昭宗ビリクト・ハーン（アーユシュリーダラ）
1378―1388 天元帝ウスハル・ハーン（トクズ・テムル）

明（朱氏）

1368―1398 太祖（朱元璋、洪武帝）
1398―1402 恭閔帝（建文帝）
1402―1424 太宗（成祖、永楽帝）
1424―1425 仁宗（洪熙帝）
1425―1435 宣宗（宣徳帝）
1435―1449 英宗（正統帝）
1449―1457 景帝（景泰帝）
1457―1464 英宗（天順帝）
1464―1487 憲宗（成化帝）
1487―1505 孝宗（弘治帝）
1505―1521 武宗（正徳帝）
1521―1567 世宗（嘉靖帝）
1567―1572 穆宗（隆慶帝）
1572―1620 神宗（万暦帝）
1620 光宗（泰昌帝）
1620―1627 熹宗（天啓帝）
1627―1644 荘烈帝（崇禎帝）

清（満洲・アイシンギオロ氏）

1636—1643 太宗文皇帝（ホンタイジ、崇徳帝）
1643—1661 世祖章皇帝（順治帝）
1661—1722 聖祖仁皇帝（康熙帝）
1722—1735 世宗憲皇帝（雍正帝）
1735—1796 高宗純皇帝（乾隆帝）
1796—1820 仁宗睿皇帝（嘉慶帝）
1820—1850 宣宗成皇帝（道光帝）
1850—1861 文宗顕皇帝（咸豊帝）
1861—1875 穆宗毅皇帝（同治帝）
1875—1908 徳宗景皇帝（光緒帝）
1908—1912 溥儀（宣統帝）

新版に寄せて

毛沢東路線への復帰を本気で進めている新皇帝・習近平

宮脇淳子

本書のもとになったのは、著者（岡田英弘）が一九九五年に西新宿の朝日カルチャーセンターで「皇帝たちの肖像」と題しておこなった五回連続の講義である。その後、本人がいろいろ書き足して、『皇帝たちの中国』と題して、一九九八年に原書房から刊行された。翌一九九九年四月に著者は脳梗塞を患い、用意した文章を読む以外の講義をすることもなくなったから、この一連の講義が絶頂期であり、本書は何不自由なく文章を綴れた最後のものになった。

原書房本が絶版になったあと、二〇〇六年に『誰も知らなかった皇帝たちの中国』という題名でワックブンコとして再版され、四刷を重ねている。

今回、ワック出版から新版を刊行するので解説を、と頼まれ、題名をもとに戻したうえで副題を「始皇帝から習近平まで」にしたいと言われた。岡田は習近平については何も発言していないので、それでは読者に誤解を与えると、著者の弟子であり、妻として著作権保持者でもある私は一度はお断りした。

しかし、習近平はいまや、過去の皇帝たちと比肩する立場になったことは誰の目にも明らかだし、本人も皇帝のようにふるまおうとしている。

現中国を理解するためには、歴史をさかのぼって、たどってきた文化・文明がどれほど日本と異なっているかを日本人が知る必要がある。本書が今、新版を出す意義はそこにあるし、それこそが岡田が一生をかけて研究したテーマである。

本文は、今の中国の基礎をつくった清の康熙《こうき》帝で終わっているが、その孫の乾隆《けんりゅう》帝が清の最大版図を築いた皇帝である。乾隆帝がモンゴル系最後の遊牧帝国ジューンガルを滅ぼしたせいで、新疆《しんきょう》が中国に組み込まれることになった。私は世界中で何人もいないジューンガル研究者として、師である岡田の研究を発展させて、現代中国問題がどこに端を発するかを説明する責任があると思い直した次第である。

「中国皇帝」の大多数が「夷狄」出身

さて、晩年の岡田は、十九世紀以前の隣の大陸に「中国」という名称をいっさい使用しないことに決めた。なぜなら、「中国」という国家が誕生したのは一九一二年であり、このことばが今のような意味に使用されるようになったのも、十九世紀末が始まりだからである。

二〇一三〜一六年に藤原書店から刊行された『岡田英弘著作集全8巻』のうち、第4巻の題名は『シナ(チャイナ)とは何か』である。

しかし、本書が最初に原書房から刊行されたときは、戦後日本の学校教育通りに、「シナ」をすべて「中国」としていた。読者諸兄姉には、そのことを頭に入れながら、本文を読んでもらいたい。

はじめに著者の文章を利用して、岡田の中国学の全貌を概観してみよう。

中国文明の三大要素は「皇帝」「都市」「漢字」である。

いわゆる中国の歴史とは、皇帝の歴史そのものである。近代以前には、「中国」という「国家」があったわけでもなく、「中国人」という「国民」があったわけでもない。先にあったのは「皇帝」である。

現代のわれわれが「中国」と呼ぶこの世界は、西暦紀元前二二一年、秦《しん》の始皇帝《しこうてい》がみずから「皇帝」と名乗ったときに誕生した。「秦」が「支那」つまり「チャイナ」の語源である。この意味で「中国史」は、前二二一年から始まる。

秦の始皇帝の統一以前には皇帝はまだいないのだから、したがって「中国人」もいなかった、と考えなくてはならない。だから、紀元前二二一年より前は「中国」もなく、したがって「中国」以前の時代である。

中国の歴史は三つの時代に分けることができる。

第一の「漢族の時代」は、秦の始皇帝から、漢・三国・晋《しん》・南北朝を経て、五八九年に隋《ずい》の文帝が天下を統一するまでである。

第二の「北族」の時代は、隋・唐《とう》・五代・宋《そう》を経て、一二七六年、元《げん》のフビライ・ハーンが南宋を滅ぼして天下を統一するまでである。

第三の「新北族の時代」は、元・明《みん》・清《しん》の時代である。清が一八九五年に日本に負けたことによって、中国文明の時代は終わる。

中華思想は、「北族」の時代の末期に、新たに興りつつあった新北族の契丹《きったん》に対して、自分たちもかつての北族出身であった北宋の人々が、自分たちこそ正統の「中華」だと言い出して、北方の遊牧帝国を成り上がりの「夷狄《いてき》」とさげすんだことにはじまる。それから、「夷狄」は文化をもたない人間以下の存在で、自分たち「中華」だけがほんとうの人間だという負け惜しみの「中華思想」が出てきたのである。

「中華思想」は、もはや中国人の国民的信念であって、いささかのゆるぎもない。自分たちが唯一の人間であり、「夷狄」などは人間でなく、殺しても奪ってもかまわないというのが、中国人のかたく信じているところである。

しかし本書を読めば、じつは「中国皇帝」の大多数が「夷狄」出身であったことがわかる。五代十国時代の後周《こうしゅう》の郭《かく》氏や、北宋《ほくそう》・南宋《なんそう》の趙《ちょう》氏など、漢人かどうか疑問のある皇帝も漢人として数えた上で、秦の始皇帝が即位した紀元前二二一年から清の宣統《せんとう》帝が退位した一九一二年まで、漢人が皇帝だった期間の長さと、皇帝が非漢人だとはっきりわかる期間の長さをくらべてみると、全部で二千百三十二年間のおよそ四分の三が、非漢人の皇帝の時代である。

「人民の敵」弾圧は正当化される

岡田英弘は、一八九五年の日清戦争の敗戦により、「中国文明」の時代は終わって「日本文明」の時代が始まった、と考えた。日本が、明治維新以来わずか三十年で自分たちよりも強くなったことを見て、はじめて、これではいけない、と思った清国の漢人たちは、大挙して日本に留学し、それまで何十年もの間、日本人が苦労して漢字熟語に翻案していた西欧文明を、日本語を通して取り入れた。辛亥《しんがい》革命は、日本へ留学した清の地方軍の将校たちが起こしたクーデターであって、中国の近代化は日本を見ならってはじまったのである。

二十世紀には、このように「日本化」によって古い中国文明を脱皮した中国であるが、二十一世紀になって強国の自覚を持つようになり、今度は新たな先祖返りの時代に入ったように見える。習近平が、古い王朝制度の皇帝になぞらえられるのはそのためであろう。中国共産党中央委員会総書記と皇帝と、名称は異なっても、最高指導者の人格によって政治がおおいに左右されるという点では、中国史は、やはり皇帝たちの歴史である、と言ってもいいかもしれない。

一九一一年十月にはじまる辛亥革命により、一九一二年一月に誕生した中華民国は、同年二月に宣統帝が退位して滅びた清朝の領土をすべて継承したと宣言した。しかし、中華民国は、清の故郷の満洲だけでなく、清朝時代には藩部《はんぶ》（王朝を取り巻く垣根）と呼ばれた、モンゴルやチベットや新疆を実効支配できなかった。

日本の敗戦後、ソ連のおかげで満洲を獲得した中国共産党が、国民党に勝利して、一九四九年に誕生した中華人民共和国は、その二年前に成立していた内モンゴル自治政府を併合し、一九五〇年に東チベット、一九五五年には新疆に武力侵攻し、一九五九年にチベット全土を制圧した。

そのうえで中国共産党は、モンゴル人もチベット人もウイグル人も黄帝《こうてい》の子孫の中華民族で、途中で変な文字や変な宗教にかぶれたけれども「祖国に復帰した」と宣伝した。

中華人民共和国が、その領土を継承したと主張する清朝は、本書第5章にあるように、東北アジアの狩猟民出身の満洲人皇帝が、遊牧民のモンゴル人と同盟し、それから漢地の統治をはじめ、チベットと、後述するように乾隆帝がジューンガル帝国を滅ぼして、イスラム教徒の住む土地まで支配を広げた王朝だった。

満洲人は漢字ではない文字と話しことばを持っていたから、モンゴル人やチベット人やイスラム教徒の土地を併合したあとも、かれらの固有の文字や宗教に寛容だった。現地の伝統はそのまま維持したから、二七六年もの間、王朝が続いたのだ。

清朝の平和と繁栄のもと、十七世紀はじめには六千万人だった漢人の人口は、十九世紀には四億人になった。そして、中華人民共和国になって四億人から十三億人を超えた漢人（現中国では、漢族と呼ぶ）は、中国領土の六四パーセントを占める五つの自治区（内モンゴル、チベット、新疆ウイグル、寧夏回族《ねいかかいぞく》、広西《こうせい》チワン族）の、もともと漢族が住んでいなかった土地に進出し、その地の資源を搾取して生き延びたのである。

そもそも、漢族の王朝ではなかった清朝の同盟種族を、すべて「中華民族」と規定したのは、孫文《そんぶん》や蔣介石《しょうかいせき》である。中国の近代化のモデルとなったのは、「紀元前六六〇年に即位した神武《じんむ》天皇以来、万世一系の天皇」を戴き、全員が日本語がわかる大和民族がまとまって世界に打って出た、明治日本だったからである。

国境の内側の住民は全員中国人（漢人）であるべきだ、全員が同じ中国語（漢語）を話すべきだ、全員が黄帝の子孫の中華民族（漢族）という意識を持つべきだ、というのが現代中国の理想であるのは、日本型の国民国家をモデルとして近代化に乗り出したからである。

ところが、いまや中国は、もはや日本をモデルとするに足らずと考えるようになった。西欧がモデルでもない。「中国には中国流の民主主義がある」と言明している。日本でもなく西欧でもないとしたら、かつての「中華思想」に戻り、文明人である中国人と、漢字も読めない野蛮人である「夷狄」という、二元論になるのだろうか。

社会主義や共産主義を標榜《ひょうぼう》した中華人民共和国には、はじめから「国民主権」ということばはない。「人民主権」という。毛沢東と周恩来は、社会主義建設に参加する者だけを「人民」と呼び、これに反抗する者を「人民の敵」と規定した。

つまり、現代中国はもともと、国籍を持つ国民全員が人民ではなく、中国共産党の掲げる思想や政策を支持しないで反対する国民は人民ではなかったのである。

中国の憲法には「いかなる組織ないし個人も社会主義体制を破壊することを禁止する」と記す。つまり、人民ではない国民に対するさまざまな弾圧や抑圧が、法律上、正当化されているのだ。

新疆ウイグル自治区における大規模な人権弾圧も、人権派弁護士やジャーナリストの拘束も、かれらを人民の敵と規定することで正当化される。香港では人民は愛国者と言い換えられる。習近平は毛沢東路線への復帰を本気で進めている。

新疆ウイグル自治区の悲劇はなぜ生まれたか？

中国は、国内の言語を完全に一つの中国語にしようと考えている。二〇二〇年に内モンゴル自治区におけるモンゴル語教育禁止を打ち出したときの理由として、「先進的な科学技術を教えるのにモンゴル語は不向きで、優れた『中国語』こそがふさわしい」と言った。

しかし、二十世紀になってようやくルビが生まれ、日本語を翻訳したときに「てにをは」に相当する漢字を開発した現代中国語が、モンゴル語よりも論理的思考にふさわしい言語とはとても思えない。モンゴル語は八百年前から存在していることばである。

チベット語にいたっては、七世紀に文字がつくられ、インドで生まれた仏典のすべてが九世紀にはチベット語訳されたという、きわめて文化度の高い言語である。

モンゴル人は元朝時代には中国支配をしたことがあるし、今でも中国内モンゴル自治区（モンゴル人は南モンゴルと呼ぶ）の北にモンゴル国が存在する。チベットには、歴代ダライ・

ラマという指導者がいた。両者とも、歴史的に内部の紐帯が強いので、中国共産党の弾圧に負けずに生き延びることができるかもしれない。

新疆の団結が一番難しいということを、ジューンガル研究に復帰した私は最近になって思い知った。

新疆ウイグル自治区というけれど、ウイグル人が新疆統治に主体的に係わったことは、歴史上一度もなかったということを、残念ながらお伝えしなくてはならない。

乾隆帝が、最後の遊牧帝国ジューンガルを滅ぼし、その支配下にあったタリム盆地を一七五九年に征服したあと、清朝はこの土地を「新疆（新しい領土）」と名づけた。

清朝は、新疆を南北に分けて統治した。もともと遊牧民の本拠地だった北路（準部《じゅんぶ》）には軍政を敷き、イリ将軍の下に八旗《はっき》兵を駐防させ、今の中国東北部から、モンゴル系や満洲系の民族集団を家族とともに入植させた。

南路（回部《かいぶ》）は、各オアシス城市の外に設けた駐屯基地に、満洲人大臣と少数の清軍が駐屯して監視にあたった。

北路の真ん中にジュンガル盆地があり、その最南端に自治区の首府ウルムチ市がある。乾隆帝が、この町を新疆統治の一拠点としたときから、満洲人と漢人が植民して発展した。だから今でも、自治区の首府ではあるがウイグル人口は少ない。

ジューンガルは南方のオアシス諸都市を征服したあと、その住民を北路のイリ渓谷に多数連れてきて農業をさせた。清朝はそのやり方を継承し、新疆南部のトルコ系農民つまり今のウイグル人の祖先を、やはり強制移住させて使役した。

だから、新疆全域にウイグル人が住んでいるとしても、ジューンガル時代からずっと、連れてこられて使役される農民に過ぎなかったわけである。

一九五五年の新疆ウイグル自治区成立当時、三十万人ほどだった漢族人口は、二〇二〇年には九百万人になった。中国の退役軍人からなる生産建設兵団が新疆各地を開拓開墾し、新疆の全耕地の半分を管轄下に入れたというのは、ジューンガルの土地が清朝のものになり、それを漢族が奪ったという順番である。

南路はイスラム教徒の住地であるが、東西で歴史が異なる。東部のハミ、トルファンは中国内地に近く、清のジューンガル戦役の際にも清側に立った。清朝時代には、この地の支配層は清の官僚となって西部のオアシス諸都市に赴任し、同じイスラム教徒を支配した。

今回、中国共産党から大弾圧を受けているのは、カシュガル、ヤルカンド、ホータン、アクス、クチャなど「アルティ・シャフル（六城）」と呼ばれる西部の諸都市である。ここは、あきらかに中央アジア文化圏で、漢族とはまったく違う文化を持っている。

新疆ウイグル自治区の住民が一つにまとまっていた時代はなかったということが、現今の悲劇の根本原因の一つである。

最後に、本書で中国史に興味を持った読者に、併せて読めば理解が深まる本を推薦したい。

岡田英弘『読む年表　中国の歴史』（ワック　二〇一二年）は、中国以前の時代から、日本文明圏の時代までの通史となっており、本書にはないカラー図版と年表が付いている。

宮脇淳子『皇帝たちの中国史』（徳間書店　二〇一九年）は、本書にもとづいて著者がネット配信した番組をまとめたもので、地図・図版・写真が多く掲載されている。

宮脇淳子　一九五二年、和歌山県生まれ。京都大学文学部卒業、大阪大学大学院博士課程修了。博士（学術）。専攻は東洋史。大学院在学中より岡田英弘氏からモンゴル語・満洲語・中国史を、その後、山口瑞鳳氏（現東京大学名誉教授）からチベット語・チベット史を学ぶ。東京外国語大学アジア・アフリカ言語文化研究所共同研究員を経て、東京外国語大学、常磐大学、国士舘大学、東京大学などの非常勤講師を歴任。著書に『中国・韓国の正体』『世界史のなかの満洲帝国と日本』『モンゴル力士はなぜ嫌われるのか』（WAC）、『封印された中国近現代史』（ビジネス社）、『朝鮮半島をめぐる歴史歪曲の舞台裏』（扶桑社）、『最後の遊牧帝国』（講談社）、『どの教科書にも書かれていない　日本人のための世界史』（KADOKAWA）、『かわいそうな歴史の国の中国人』『日本人が教えたい新しい世界史』『満洲国から見た近現代史の真実』（徳間書店）などがある。

本書は、二〇〇六年九月に小社より出版された『誰も知らなかった皇帝たちの中国』を改題・改訂した新版です。新たに、宮脇淳子氏の「新版に寄せて――毛沢東路線への復帰を本気で進めている新皇帝・習近平」を追記しました。

岡田英弘（おかだ　ひでひろ）
1931年、東京生まれ。専攻は中国史、満洲史、モンゴル史、日本古代史。1953年、東京大学文学部東洋史学科卒業。1957年、『満文老档』の研究により日本学士院賞を受賞。東京外国語大学アジア・アフリカ言語文化研究所教授を経て、東京外国語大学名誉教授。
モンゴル史・満洲史を出発点に、中国史、日本史をはじめ世界の歴史を巨視的な視点から考察した独創性は国内にとどまらず海外からも高い評価を得ている。
著書『倭国の時代』『日本史の誕生』『世界史の誕生』（ちくま文庫）、『歴史とはなにか』（文春新書）、『この厄介な国、中国』『やはり奇妙な中国の常識』『読む年表中国の歴史』（ワック）など著書多数。これら著作物の集大成として『岡田英弘著作集 全8巻』（藤原書店）がある。2017年5月25日、満86歳で逝去。

皇帝《こうてい》たちの中国《ちゅうごく》
始皇帝《しこうてい》から習近平《しゅうきんぺい》まで

2022年2月5日　初版発行
2022年2月23日　第2刷

著　者　岡田　英弘

発行者　鈴木　隆一

発行所　ワック株式会社
東京都千代田区五番町 4-5　五番町コスモビル　〒102-0076
電話　03-5226-7622
http://web-wac.co.jp/

印刷製本　図書印刷株式会社

ISBN978-4-89831-859-1

好評既刊

美しく、強く、成長する国へ。
私の「日本経済強靱化計画」

高市早苗

B-352

「崩れ行く日本」の矜持を取り戻し、「確かな未来」を子孫に提示するために書かれたこの本が、日本をいま大きく変えようとしている。

ワックBUNKO　定価990円（10%税込）

ディープステート
世界を操るのは誰か

馬渕睦夫

ロシア革命を起こし、赤い中国を支援。朝鮮戦争からイラク戦争、アメリカ大統領「不正」選挙まで、世界を裏で操る「ディープステート」の実態を解明。

単行本（ソフトカバー）定価1540円（10%税込）

いまそこにある中国の日本侵食

ケント・ギルバート

B-350

2020年アメリカ大統領選挙への中国の介入は明らか。そんな中国はあらゆる手を使って日本にプロパガンダ工作を仕掛けている。

ワックBUNKO　定価990円（10%税込）

http://web-wac.co.jp/

好評既刊

読む年表 中国の歴史
岡田英弘
B-214

「秦」「漢」「唐」「元」「明」「清」…。異種族王朝が興亡しただけの2200年間、「中国」という国家は存在しなかった！「中国五千年」のウソを暴く。

ワックBUNKO 定価1012円（10％税込）

モンゴル力士はなぜ嫌われるのか
日本人のためのモンゴル学
宮脇淳子
B-270

遊牧文化のモンゴルに先輩・後輩の序列はなく、〝力〟がすべての社会！ トップは法をつくる人であって、守る人ではない！ 白鵬が我がもの顔で振る舞った理由。

ワックBUNKO 定価1012円（10％税込）

中国・韓国の正体
異民族がつくった歴史の真実
宮脇淳子
B-293

シナ大陸では数多の民族が興亡を繰り返し、半島では停滞の五百年が経過。異民族の抹殺を謀る中国、「妖魔悪鬼の国」韓国はこうして生まれた！

ワックBUNKO 定価1012円（10％税込）